Guía práctica para
escuchar música

Redbook

Guía práctica para
escuchar música

FERNANDO SÁEZ ALDANA

MA
NON
TROPPO

© 2023, Fernando Sáez Aldana

© 2023, Redbook Ediciones, s. l., Barcelona

Diseño de cubierta: Regina Richling

Diseño de interior: Quim Miserachs

Fotografías interiores: Wikimedia Commons / APG Images

ISBN: 978-84-18703-47-8

Depósito legal: B-322-2023

Impreso por Reprográficas Malpe – Pol. Ind. Los Olivos
Calle de la Calidad, 34, Bloque 2 Nave 7
28906 Getafe, Madrid

Impreso en España - *Printed in Spain*

A la Música

Tú, hermoso arte, en cuántas horas grises
Cuando el cerco salvaje de la vida me ahogaba
Has inflamado mi corazón con un cálido amor
¡Me has conducido a un mundo mejor!

A menudo ha volado un suspiro de tu arpa
Un dulce, sagrado acorde tuyo
Me ha abierto el cielo a tiempos mejores
¡Hermoso arte, te doy las gracias por ello!

(*An die Musik*, de Franz von Schober,
letra del lied homónimo de Franz Schubert)

Índice

Prólogo
Escuchar, comprender, sentir.

En el último tercio del siglo XX los melómanos nos beneficiamos del creciente interés editorial por la música llamada «seria», «culta» o, más comúnmente, clásica. Sin duda fue un interés paralelo al aumento de la oferta de este tipo de música, propiciado por las emisoras de radio, las cadenas de televisión, las emisoras por internet y, lo último, por las descargas de emisiones en continuo *(streaming)*. Al mismo tiempo, la proliferación de auditorios y salas de conciertos u ópera, pero también de casas de cultura y centros cívicos en pequeñas localidades han multiplicado el número de festivales, conciertos y recitales en vivo que actualmente se celebran por todo el país.

El objetivo de muchas de aquellas publicaciones, desde libritos de bolsillo a enciclopedias, era «introducir» o guiar al potencial oyente en el mundo de la música clásica. Un mundo que muchos imaginan maravilloso, pero del que, como los antiguos descubridores de tierras repletas de tesoros, recelan por temor a toparse con dificultades insalvables. Un nuevo mundo inexplorado donde resulta fácil perderse en su intrincada selva de madrigales renacentistas, oratorios barrocos, sinfonías clásicas, conciertos románticos, dramas musicales y piezas atonales. Un mundo donde se habla un extraño idioma (ritmo binario, fa sostenido, andante con moto, modulación, concerto grosso, belcantismo, anacrusa) cuya incomprensión no invita adentrarse en él sin un traductor de la mano.

Los autores de introducciones a la música (citemos como ejemplos las de Aaron Copland, Ottó Károlyi, Kurt Phalen, Howard Shanet, Graham Wade o Manuel Valls i Gorina) adoptaron diferentes puntos de acercamiento a ese mundo, pero todos coinciden en dos ideas básicas que necesariamente comparte el autor del libro que tiene en sus manos: el mejor método para aprender a escuchar la música es justamente escucharla, y los libros podrán ayudarlo a entenderla, pero nunca a sentirla. En esa línea no debe entenderse como un libro de autoayuda destinado al lego en la materia animado a dejar de serlo, sino como una mano amiga que lo guiará con seguridad en busca de esos fantásticos tesoros musicales que aguardan desde hace siglos a nuevos descubridores.

Con un lenguaje que se ha procurado inteligible, didáctico y ameno, este libro pretende ayudar a escuchar música con la convicción de que comprenderla ayudará a cumplir su verdadera razón de ser: emocionar. Su gran ventaja, frente a cuantos le precedieron en el intento, es la posibilidad que las últimas tecnologías en material audiovisual ofrecen al lector de convertirse al mismo tiempo en oyente, gracias a los enlaces a grabaciones que acompañan al texto. En el capítulo dedicado al Timbre de su libro *Cómo escuchar la música*, una recopilación de conferencias publicada en 1939, el compositor estadounidense Aaron Copland necesitó varias páginas para intentar describir cómo suenan un oboe, una trompa o un violonchelo. Las siguientes páginas permiten escuchar esos sonidos que, parafraseando el proverbio, valen más que mil palabras.

El cuerpo humano es un organismo increíblemente complejo cuya fisiología no necesitamos comprender para vivir. Tampoco hemos de saber cómo funcionan el motor de nuestro vehículo para conducirlo, o la complicada tecnología de internet para navegar por la red. Del mismo modo, no es necesario entender de música para sentirla. Sin embargo, muchos aficionados a escuchar obras de Vivaldi, Mozart, Beethoven, Chaikovski o Mahler las disfrutarían aún más si supieran reconocer su forma, identificar su estilo o desentrañar su estructura. Puesto que «no se puede amar lo que no se conoce», o si se prefiere, se ama más lo que mejor se conoce, el objetivo de este libro es potenciar el disfrute que la música proporciona al lector-oyente capaz de sentirla, ayudándole a comprenderla y, por tanto, a mejor escucharla.

En su libro *La Música y sus formas* (1981), el guitarrista y divulgador musical Wade lo dejó bien claro: «Todo conocimiento musical ayudará al oyente a disfrutar más a fondo de cualquier interpretación, tanto en vivo como grabada. Pero la música es un arte puro, que lleva nuestros oídos de sonidos que no tienen que traducirse a símbolos escritos para comprenderlos. La música sólo existe cuando se escucha. Es el *oyente* el que importa, no el *lector*».

Naturalmente, la que llamamos clásica no posee la exclusividad de la música de todos los tiempos y lugares. Además de los distintos géneros de música moderna, surgidos a lo largo del siglo XX en la cultura occidental (jazz, blues, rock, pop, rhythm and blues, punk, metal, disco, tech, indie, rap, reggae, etc.), existe una extraordinaria variedad de música folklórica repartida por los cinco continentes cuya enumeración sería exhaustiva. Todas ellas quedan fuera del alcance de este libro, que se ocupa principalmente de la música clásica creada en Occidente durante los últimos cinco siglos.

F.S.A.

Antes de empezar

Para asimilar mejor algunas explicaciones que se ofrecen en este libro le será de mucha utilidad disponer de un teclado en el que podrá realizar unos sencillos ejercicios que le harán más fácil y agradable su incursión en la teoría de la música, aunque nunca haya recibido una clase.

Si tiene acceso a un piano mecánico o a un teclado portátil electrónico, por elemental que sea, mejor. Pero incluso si no lo tiene, también podrá practicar en su ordenador, tableta o teléfono inteligente previa descarga de alguna de las aplicaciones, gratuitas la mayoría, que ofrecen la posibilidad de aprender, tocar, grabar, escuchar, acompañar y compartir sus pinitos musicales. Algunas recomendables son: *Simply Piano*, *Perfect Piano*, *Flowkey*, *Magic Piano* y *Piano Academy*.

Aspecto de una aplicación de piano
para smartphone.

Por otro lado, el texto se acompaña de códigos QR (abreviatura de *quick response*: respuesta rápida) cuyo escaneo por dispositivos móviles (teléfono o tableta) permite acceder a archivos de audio de la plataforma de música *online* *Spotify* o de vídeo del sitio web *YouTube*. Para obtener el máximo provecho del libro, por tanto, el lector deberá hacerse con ambas aplicaciones, que ofrecen una versión gratuita, más limitada pero suficiente para nuestros fines. La profusión de códigos que ofrece el libro se justifica porque, insistamos, la clave para entender, aprender y apreciar la música clásica es justamente escucharla. Lo expuso con total claridad Aaron Copland:

«Todos los libros que tratan de la comprensión de la música están de acuerdo en un punto: no se llega a apreciar mejor este arte solo con leer un libro que trate de ese asunto. Si se quiere entender mejor la música, lo más importante que se puede hacer es escucharla. Nada puede sustituir al escuchar música. Todo lo que tengo que decir en este libro se dice acerca de una experiencia que el lector solo podrá obtener *fuera de este libro*. Por tanto, el lector probablemente perderá el tiempo al leerlo, a menos que haga el propósito firme de oír una mucha mayor cantidad de música que hasta ahora.»[1]

Gracias a los códigos QR, el lector podrá obtener esa experiencia *dentro de este libro*. Esa es su gran ventaja.

---

1. Aaron Copland: *Cómo escuchar la música*, Fondo de Cultura Económica.

La escucha musical

«En el espacio nadie puede oír tus gritos.»

(De la película *Alien, el octavo pasajero.*)

DEFINIENDO LA MÚSICA

Comenzaremos con una pregunta que puede resultar sorprendente: ¿qué es la música? Aunque parezca superflua, por obvio, existen muchas respuestas posibles, desde la de quien ensalza la música como el lenguaje con el que Dios y el hombre se entienden, hasta quien la considera un molesto ruido más con el que hay que convivir. El compositor Edgar Varèse la definió como «el sonido organizado», pero no es suficiente: los de la sirena de la fábrica, el avisador sonoro del semáforo o el repiqueteo de las campanas también son sonidos organizados, pero no música.

La Real Academia de la Lengua española define la música como el «arte de combinar los sonidos de la voz humana o de los instrumentos, o de unos y otros a la vez, de suerte que produzcan deleite, conmoviendo la sensibilidad, ya sea alegre, ya tristemente». Sin embargo, no todas las músicas producen precisamente deleite en el oyente, y por otra parte grandes músicos defendieron un concepto puramente objetivo del arte musical, que para ellos solo debería expresar música.

Quizás una definición más exacta sea esta: «la música es el arte de combinar sonidos producidos por la voz humana o por instrumentos musicales en una secuencia temporal, atendiendo a las leyes de la armonía, la melodía y el ritmo». Pues resulta igual de válida para un motete de Machaut, un concierto de Händel, una sinfonía de Brahms, una pieza de Webern o una balada de The Beatles.

Definiciones técnicas o académicas aparte, la experiencia musical es tan subjetiva e individual que puede haber tantas maneras de entenderla como oyentes. Seguidamente citaremos algunas de ellas, procedentes de ilustres personajes, la mayoría músicos, escritores y pensadores:

- *Hans Christian Andersen:* donde las palabras fallan, la música habla.
- *Boecio:* cualquiera que llega al fondo de sí mismo, sabe lo que es la música.
- *Ludwig van Beethoven:* la música es una revelación más alta que ninguna filosofía.
- *Napoleón Bonaparte:* la música es el menos insoportable de los ruidos.
- *Claude Debussy:* la música es la transposición sentimental de lo invisible en la naturaleza.
- *Federico II el Grande:* un tratado no basado en cañones es como una música sin instrumentos.
- *Aldous Huxley:* después del silencio, lo que más se acerca a expresar lo inexpresable es la música.
- *Sidney Lanier:* la música es amor en busca de palabras.
- *Gottfried W.Leibnitz:* la música es el placer que experimenta el alma mientras cuenta sin darse cuenta de que está contando.
- *Jehudi Menuhin:* la buena música la vida alegra.
- *Friedrich Nietzsche:* sin música, la vida sería un error.
- *Platón:* la música es un arte educativo por excelencia, se inserta en el alma y la forma en la virtud.
- *John Quarles:* la amistad es como la música: dos cuerdas del mismo tono vibrarán, aunque solo se pulse una.
- *Arthur Schopenhauer:* la arquitectura es música congelada.
- *Robert Schumann:* la música es el lenguaje que me permite comunicarme con el más allá.
- *William Shakespeare:* quien no se conmueve con el acorde de los sonidos armoniosos es capaz de toda clase de traiciones, estratagemas y depravaciones.
- *George Bernard Shaw:* el infierno está lleno de aficionados a la música.
- *Voltaire:* si es imposible traducir la poesía, ¿acaso se puede traducir la música?
- *Leon Tolstoi:* la música es la taquigrafía de la emoción.
- *Carl Maria von Weber:* la música es el verdadero lenguaje universal.
- *Oscar Wilde:* la música es el arte más cercano de las lágrimas y del recuerdo.
- *Dicho popular:* la música amansa a las fieras.

En todo caso, antes de hablar de música, conviene exponer algunas nociones elementales de *acústica*, la rama de la física que se ocupa de la emisión, transmisión y recepción del sonido.

DE LA VIBRACIÓN DEL AIRE A LA DEL ALMA

Desde que en 1969 el primer ser humano pisó la superficie lunar, la posible colonización del segundo satélite más grande del sistema solar es una aspiración recurrente de diversas iniciativas estatales y privadas. Pero, independientemente de la viabilidad y rentabilidad de tales proyectos, si llegara a crearse un asentamiento permanente en la Luna, hay algo que los humanos nunca podremos celebrar en su superficie: un concierto musical al aire libre. La razón es sencilla: el satélite carece prácticamente de atmósfera y, por tanto, de aire libre. Y sin aire no hay sonido.

Pensemos en dos membranas bien distintas, pero con la misma cualidad principal: ser elásticas, es decir, capaces de oscilar o vibrar. La primera, mucho mayor, es el parche de un tambor. La segunda, el tímpano, mide un centímetro de diámetro y en está situada al fondo del conducto auditivo de los mamíferos, llamado oído externo.

El aire es un medio elástico y, por tanto, deformable. Significa que sus moléculas pueden desplazarse expandiéndose cuando una fuerza externa actúa sobre ellas, para regresar concentrándose a su posición inicial de equilibrio cuando la fuerza cesa. Este movimiento de ida y vuelta se denomina vibración. Cuando un tamborilero toca su instrumento, la vibración del parche transmite su movimiento a las inmediatas moléculas del aire, estas a sus vecinas y así sucesivamente, formando ondas sonoras que se propagan a unos 340 metros por segundo, cuya intensidad va disminuyendo con la distancia, hasta que el movimiento ondulatorio acaba extinguiéndose.

El número de vibraciones que se producen en un segundo se denomina *frecuencia*. Si la vibración es uniforme (todas duran lo mismo), se producirá un sonido determinado y, si no lo es, el resultado será el ruido.

Si las ondas procedentes del tambor alcanzasen nuestro oído, se introducirán por el conducto auditivo externo y, por el fenómeno físico llamado simpatía, el tímpano vibrará con la misma frecuencia. Milésimas de segundo después, la fina membrana auditiva transmitirá la vibración a la adyacente minicadena de huesecillos encargada de amplificar la señal (oído medio) y trasladarla a la cóclea (oído interno), un maravilloso microtransformador de ondas mecánicas en eléctricas que, por vía neuronal, conducen el estímulo sonoro hasta su auténtico destinatario: el encéfalo.

Es aquí, en el puesto de mando y control del cuerpo humano, donde los sonidos se someten a un proceso consciente de identificación, procesamiento y reacción. La audición de un mismo sonido rítmico producido por un tambor (percepción sensual) puede provocar en la consciencia una respuesta placentera o desagradable (percepción emocional) según se trate, por ejemplo, del redoble de la *Cuarta Sinfonía* de Nielsen o de una tabarra callejera de madrugada. En definitiva, nuestro oído oye, pero es nuestro cerebro el que *escucha*.

Hasta tal punto es así que, si un avión lanzara una potente bomba en medio del desierto, su explosión no producirá ningún sonido si no hay nadie que pueda escucharlo, porque la percepción sensorial del ruido, como la del color, el aroma o el sabor, no tienen lugar en el oído, los ojos, el paladar, la lengua y las fosas nasales, que son meros receptores de los correspondientes estímulos, sino en la sede visceral de la inteligencia, el conocimiento y la emoción cuya prodigiosa evolución convirtió al primate *homo sapiens* en el amo del planeta Tierra: el cerebro.

EL NACIMIENTO DE LA MÚSICA

Los humanos procedemos del mar. Hace 400 millones de años los peces comenzaron a salir del agua y para poder desplazarse por tierra evolucionaron desarrollando las cuatro extremidades que poseemos los reptiles, los anfibios, las aves y los mamíferos. En el medio acuático, nuestros antepasados no necesitaban tímpano para percibir las vibraciones transmitidas por un medio elástico más denso que el aire[2].

Centrándonos en nuestros parientes evolutivos más próximos, los mamíferos, su sentido del oído, ya plenamente desarrollado, es vital para ejercer su instinto más primordial, el de la supervivencia individual, que consiste en comer procurando no ser comido. En el mundo salvaje, el oído permite a la presa detectar la presencia de su depredador y saber si permanece quieto, se acerca o se aleja. Un ruido extraño e inesperado provoca en milésimas de segundo una descarga de adrenalina que aumenta la frecuencia cardiorrespiratoria y dilata las pupilas y las arterias

---

2. La velocidad del sonido en el aire a 20º C es de 340 metros por segundo; en el agua se propaga a 1.600; en la madera a 3.900 y en el acero a 5.100.

que transportan el oxígeno a los músculos para facilitar la huida de la que depende la supervivencia.

Lo mismo que el actual, el hombre prehistórico también estaba rodeado de ruidos y sonidos, aunque todos procedían de la Naturaleza o de su primitiva actividad cotidiana. Pero en algún momento sintió la necesidad de emitir sus propios sonidos, diferentes de la voz, y nació el sonido musical. Los hallazgos arqueológicos más antiguos de instrumentos musicales manufacturados son flautas fabricadas con huesos de buitres y colmillos de mamut que vivieron en Centroeuropa hace unos 40.000 años. Posiblemente, las rudimentarias melodías que el hombre prehistórico podía extraer de huesos o caracolas cumplirían inicialmente fines utilitarios, como avisar o congregar a la tribu, o religioso-mágicos, como sanar enfermos o ahuyentar malos espíritus, pero en algún otro momento comenzó a tocar por el placer de hacerlo y el de otros por escucharlo, y entonces nació la música.

¿CÓMO ESCUCHAMOS LA MÚSICA?

Refiriéndonos siempre a la música culta, hasta mediados del siglo XVIII su disfrute fue un privilegio de la nobleza. Con Joseph Haydn como ejemplo paradigmático, el compositor era un lacayo cualificado al servicio de un poderoso príncipe, laico o eclesiástico, para el que debía componer música instrumental que solo su familia y su corte podían escuchar en las dependencias de su palacio, interpretada por una orquesta a su exclusivo servicio[3].

A finales de aquel siglo comenzaron a producirse importantes cambios sociales que propiciaron la popularización de la música, como el fortalecimiento de una burguesía acomodada que fomentó la construcción de salas y teatros a los que podía acceder quien pudiera pagarlo. Aunque bien entrado el siglo XIX todavía proliferaban los salones privados o aristocráticos como escenarios musicales, el acceso del pueblo a la música fue un fenómeno imparable que no ha cesado de aumentar. Con la invención del registro del sonido a finales del XIX comenzó la era de la música grabada y desde el fonógrafo de Thomas Edison (1877) hasta las plataformas de música en *streaming*, pasando por las etapas mecánica, eléctrica, magnética y digital, la facilidad para escuchar cualquiera de los muchos millones de obras musicales de todos los géneros y estilos aumenta sin cesar. Puede que

---

3. Pero ya desde principios del siglo XVII la naciente ópera abrió las puertas de los teatros al público plebeyo.

no estemos lejos de la implantación del chip cerebral que permita escuchar música a voluntad transmitida directamente al encéfalo.

OÍR, ESCUCHAR, SENTIR, ANALIZAR

Queramos o no, vivimos rodeados de música. Prácticamente no existe un espacio público libre de contaminación sonora organizada: en la sala de espera, el medio de transporte, la cafetería, el supermercado, el centro comercial… En cuanto al ámbito privado, aunque voluntariamente, pasamos muchas horas cada día oyendo música procedente de la radio, la televisión, el ordenador, la consola y los dispositivos móviles capaces de reproducirla. Ahora bien, ¿cómo vivimos la experiencia de la música?

Clásicamente se distinguen tres niveles de percepción de la «forma musical»:[4] sensorial, intelectual-emocional y objetiva.

El *nivel sensorial* es la mera vivencia de la música como la percepción involuntaria de un sonido más de cuantos nos envuelven en la vida cotidiana, como el ruido del tráfico rodado, los ladridos del perro del vecino o las conversaciones de personas cercanas. Es esa música que «ambienta» el centro comercial, el restaurante o la sala de espera del dentista, que ni hemos escogido ni posiblemente deseamos y que por consiguiente oímos, pero no escuchamos.

El *nivel intelectual-emocional*, en cambio, precisa atención y deseo de escuchar música, unas veces conocida y apreciada y otras por descubrir. En ambos casos, la obra musical escuchada provoca en el oyente una respuesta emocional, o mejor, éste proyecta en la música sus emociones.

Cuando nos disponemos a escuchar una vez más esa música que forma parte del decorado espiritual de nuestra alma, el área cerebral de la memoria nos anticipa el disfrute antes incluso de sonar la primera nota. Sabemos que esa música nos emociona cada vez que la escuchamos, estamos dispuestos a repetir la experiencia, y cuando llega el momento se produce una descarga de los neurotransmisores involucrados en las sensaciones de placer y felicidad (dopamina y serotonina) que nos lleva al clímax auditivo. Naturalmente, la misma obra que a un oyente puede estremecerlo hasta el llanto, a otro puede resultarle insoportable[5].

---

4. Un concepto propuesto por la escuela de psicología Gestalt.

5. En 1994 logré convencer a un amigo para asistir a una representación de *Parsifal* en el Met neoyorquino, protagonizado por Plácido Domingo y Jessye Norman bajo la batuta de James Levine. Mi gozo fue máximo, pero no pude evitar que tras el primer acto mi amigo abandonara el teatro maldiciendo a Amfortas. (N. del A.)

El *nivel objetivo*, o puramente musical, es el del melómano que cuando escucha una sinfonía, un concierto, una aria o un cuarteto de cuerdas, analiza su estructura, identifica los temas y sigue el desarrollo de la obra prestando atención al tempo, la instrumentación o el fraseo, sin interesarle el posible programa literario-filosófico de la obra.

Para grandes compositores como Igor Stravinski, la música no debe expresar nada salvo música y todo sentimiento que produzca en el oyente es mera ilusión. Sin embargo, es un hecho que muchas personas sienten alegría, tristeza, bienestar o desasosiego escuchando determinadas obras, y que no es necesario realizar un análisis musicológico ni tan siquiera poseer el menor conocimiento de teoría musical para disfrutarlas.

Naturalmente, no siempre percibimos la música desde alguno de estos tres niveles, entendidos como categorías excluyentes. En la misma tarde uno puede oír, escuchar, analizar y sentir música, dependiendo de las circunstancias.

¿QUÉ NOS QUIERE «DECIR» LA MÚSICA?

La pregunta no se refiere, obviamente, a la música que acompaña a un texto cantado, sea tan corto como el lied *La muerte y la doncella* de Schubert o tan largo como la ópera *Los Maestros Cantores de Núremberg* de Wagner. En estas dos composiciones hay un poema y un extenso libreto que narran sendas historias, de tres minutos de duración la primera y de cuatro horas y media la segunda, que nos dicen algo.

Ahora bien, existen obras musicales instrumentales, sin intervención vocal alguna, que también cuentan o pretenden transmitirnos una idea, un sentimiento, una reflexión o una historia. Es la llamada **música programática**, porque a través de ella su autor expone un «programa» descodificador que el oyente ha de conocer para recibir el mensaje extramusical.

Dado que una de las características principales del Romanticismo es la exaltación de los sentimientos, fue en esta época de la historia de la música cuando florecieron las obras provistas de un programa, cuya forma de expresión ideal, aunque no la única, es el *poema sinfónico*, del que hablaremos más adelante.

Ahora bien, la llamada música descriptiva no es exactamente lo mismo que la programática. Los copos de nieve cayendo sobre el camino en *Las cuatro estaciones* de Vivaldi, el rebuzno en *El carnaval de los animales* de Saint-Saëns o la tormenta de la *Suite del Gran Cañón* de Grofé son música descriptiva que pretende reproducir esos sonidos naturales. La *Sinfonía fantástica* de Berlioz, *De la cuna a la tumba* de Liszt, *Muerte y Transfiguración* de Strauss o la *Noche transfigurada* de Schönberg, en cambio, son ejemplos de música programática que se ajusta a un guion o a una idea filosófica.

Opuesto al concepto «programática» es el de **música absoluta** o pura, que no pretende transmitir ideas, sentimientos o imágenes sino sonidos organizados para el deleite de quien los escucha. Un preludio coral de Bach, una sinfonía de Mozart, un quinteto de Brahms o una pieza pianística de Boulez son música absoluta, llamada también abstracta por analogía con la pintura. Todos los espectadores de los fusilamientos de *El tres de mayo* de Goya comprenden lo que el cuadro pretende transmitir. Pero, ¿qué quiere «decir» *Composición VII* de Kandinsky?

La contraposición entre músicas programática y absoluta ha sido objeto de apasionados debates entre quienes defienden que la música no debe expresar nada que no sea musical y lo contrario. Polémicas aparte, es un hecho indiscutible que para el pleno disfrute de los valores puramente musicales de una composición no es preciso conocer la intención programática del autor, si la hubiere. Es más: el melómano puede prescindir hasta del significado del texto cantado en un lied o en una ópera. No es necesario saber francés, italiano, alemán o ruso para disfrutar de obras musicales donde, por otro lado, las voces no dejan de ser instrumentos musicales capaces de emitir bellas melodías coloreadas con hermosos timbres. ¿Qué quieren «decir» un oboe, un violonchelo o un trompa en sus solos? Solo música.

EL CEREBRO Y LA MÚSICA

Como hemos mencionado, la compleja organización de los sonidos captados por el sentido del oído tiene lugar en el encéfalo. En las últimas décadas han sido muchos los neurocientíficos y neuropsicólogos que han estudiado la relación entre música y cerebro humano. Gracias a medios de exploración como la resonancia magnética funcional, los científicos han descubierto muchas cosas sobre el procesamiento cerebral de los sonidos. La primera es que no hay un área encefálica única o concreta, sino que todas intervienen en el proceso. Así, la corteza cerebral o *córtex* está relacionada con aspectos como la percepción sonora, el análisis de los tonos, la lectura musical, tocar un instrumento o las expectativas que despierta una obra musical. En el hipocampo reside la memoria musical y en el cerebelo, el baile y el sentido del ritmo, mientras que la amígdala o el *nucleus accum-*

bens tienen relación con la respuesta emocional a la música, especialmente con el placer que puede producir su escucha, al activarse el neurotransmisor llamado dopamina. Este reciente descubrimiento neurocientífico integra la música en el grupo de actividades humanas reguladas por los llamados circuitos de recompensa cerebral, junto con el dinero ganado en una apuesta o el disfrute de la comida, la bebida o el sexo.

Aunque todavía falta mucho por investigar, cada vez sabemos más sobre los complejos mecanismos organizativos de los sonidos por parte de nuestro encéfalo (pues el cerebelo también participa) que van explicando, sobre bases anatómicas y funcionales, por qué una música nos gusta o disgusta, nos aburre o nos excita, nos pone la carne de gallina o dolor de cabeza, nos alegra o entristece y nos recuerda momentos del pasado como una banda sonora de nuestra vida. Pero, posiblemente, el mecanismo por el cual la audición de una misma pieza musical activa las sustancias químicas que transmiten señales entre las neuronas responsables de provocar felicidad en unos oyentes y disgusto en otros seguirá formando parte del fascinante misterio de la música.

EL OÍDO MUSICAL

Con frecuencia escuchamos que alguien tiene «muy buen oído» o, por el contrario, «una oreja enfrente de la otra» para calificar sus respectivas aptitud o ineptitud para entonar o reconocer una melodía.

En uno de los extremos de la capacidad de percepción musical se encuentra lo que se conoce como *oído absoluto*. Se calcula que lo posee una de cada 10.000 personas y consiste en identificar un sonido aislado, como una nota musical tocada en un teclado, e incluso la tonalidad de una obra musical. Los estudiosos del fenómeno discuten si el oído absoluto es una cualidad congénita o una habilidad adquirida mediante la práctica. Tampoco está claro que sea una ventaja para el aprendizaje o el ejercicio profesional de la música. Lo cierto es que lo posee uno de cada veinte afectados por el síndrome de Williams[6], lo cual plantea la hipótesis de una alteración cromosómica en el origen del oído absoluto.

En el extremo contrario se encuentra la *amusia* o incapacidad para reconocer o reproducir música, que puede ser congénita o adquirida. La amu-

---

6. Trastorno congénito debido a un fallo en el desarrollo del cromosoma 7, caracterizado por discapacidad intelectual, rasgos faciales típicos y enfermedad cardiovascular, entre otros síntomas.

sia adquirida es una secuela de procesos neuropatológicos como tumores, traumatismos o accidentes cerebrovascular. La amusia congénita se define como un déficit en la percepción y producción musical no debido a pérdida auditiva, daño encefálico o falta de escucha musical.

Entre ambos polos nos encontramos la mayoría de las personas. Las mejor dotadas para la música son capaces de «tocar de oído» cualquier melodía e incluso acompañarla con una secuencia de acordes sencillos, y de entonarla correctamente, de lo que otras son incapaces, aunque la hayan escuchado muchas veces. De estas últimas decimos que «desafinan» cuando cantan, con toda razón técnica, pues justamente es la habilidad de la afinación innata lo que a unos les sobra y a otros les falta. Algunos músicos con oído absoluto pueden incluso afinar su instrumento sin echar mano del diapasón.

El buen oído musical es inseparable de la buena memoria musical. Nuestro cerebro se comporta como un disco duro donde se almacenan todos los sonidos que escuchamos, musicales incluidos, como en una base de datos. Cuando el dotado de buen oído escucha de nuevo la música que tanto le agrada, su rememoración mental anticipa el placer de disfrutarla porque sabe lo que viene a continuación, lo espera y casi lo escucha mentalmente antes de que suene.

Siendo verdad que un buen oído no es un requisito necesario para disfrutar de la música, no es menos cierto que quienes lo poseen están mejor preparados para ello. Los estudiosos del tema afirman que, si bien hay un componente innato en las «habilidades de discriminación auditiva» (el buen oído), un entrenamiento musical adecuado puede ayudar a adquirirlo, sobre todo durante la infancia. Tener buen oído, en fin, no solo es útil para reconocer, memorizar y reproducir música sino también para mejorar el estado cognitivo y la capacidad intelectual de las personas.

MÚSICA Y BIENESTAR

El interés por el procesamiento cerebral de la música nos conduce directamente a otro tema fascinante relacionado con la experiencia musical: su influencia en la salud humana, tanto física como mental y su utilidad terapéutica o *musicoterapia*.

La proliferación de estudios en prestigiosas publicaciones científicas durante las últimas décadas es una muestra del reciente interés de neurocientíficos y neuropsicólogos en conocer cómo la música estimula áreas cerebrales involucradas no sólo en la cognición, las emociones, el recuerdo, la recompensa y la movilidad sino también en el alivio del dolor físico o psíquico. Sin embargo, aunque las técnicas de neuroimagen proporcionan cada vez más información sobre las zonas encefálicas involucradas, el mecanismo por el que vibraciones del aire captadas por el oído desencadenan fuertes emociones continúan siendo materia de investigación.

Desde un punto de vista empírico, es indudable que, en determinadas circunstancias, escuchar música resulta beneficioso para la salud mental. Escuchar la música que nos gusta, «nuestra» música, en el momento adecuado, puede ser simplemente relajante o inducir el sueño, reducir el estrés, mejorar la concentración, fortalecer la memoria, ayudar a superar un bajón anímico e incluso a disminuir la tensión muscular y la presión arterial.

La música como bálsamo consolador del infortunio nos acompaña durante toda nuestra vida, desde la canción que alivia al niño cuando le duele algo o disipa sus temores nocturnos, hasta la pieza evocadora del ser querido durante el duelo. No obstante, el posible efecto emocional positivo de la música está condicionado por un componente individual. La misma música puede proporcionar alivio o bienestar psicológico a una persona y pesar a otra, pero todos hemos sentido ese bienestar escuchando o interpretando nuestras obras favoritas. Sin embargo, elevar la música a la categoría de arma terapéutica eficaz contra un trastorno físico es otro cantar. Y el más frecuente en el ser humano es el dolor, en el que se distinguen dos tipos: el agudo, más instantáneo, intenso y pasajero, y el crónico, menos intenso, pero casi constante.

MÚSICA Y DOLOR

Nadie puede pretender que ponerle hasta la música que más le guste a quien acaba de propinarse un martillazo en un dedo vaya a aliviarle su intenso dolor agudo. Pero muchas publicaciones biomédicas sostienen un efecto analgésico real de la música sobre el dolor crónico. Sirva como ejemplo un estudio realizado por un equipo de neurobiólogos en 2014 sobre 22 pacientes afectados de fibromialgia, una enfermedad caracterizada por dolor y fatiga crónicos. Dividió la muestra en dos grupos y a uno de ellos les hizo escuchar una heterogénea lista de reproducción de música, desde Vivaldi hasta Barry White o La Oreja de Van Gogh. El resultado fue que, en una escala de 0 a 10, se redujo el dolor y en consecuencia aumentó la movilidad de modo significativo en los pacientes de este grupo, frente a los que no la habían escuchado.

Estas conclusiones son prometedoras con respecto al posible efecto analgésico de la música, pero admiten dos objeciones. La primera es el también posible efecto placebo de la música en estos pacientes, y la segunda que, a falta de un dolorímetro que mida objetivamente la intensidad del dolor, los sistemas de evaluación, como la escala visual analógica de 0 a 10, son subjetivas y dependen del distinto umbral o nivel de tolerancia del dolor de cada individuo.

Aparte de su posible efecto analgésico, la música puede proporcionar otros beneficios y utilidades, tanto individuales como a la sociedad. Es un hecho universalmente conocido y aceptado que la música es uno de los estímulos sensoriales que más placer pueden procurar al ser humano, junto con la degustación de un bocado exquisito, la contemplación de la belleza suprema o la caricia erógena.

En Medicina se está utilizando música como terapia en procesos como las demencias tipo Alzheimer, la enfermedad de Parkinson o el autismo. Sin embargo, algunos neurocientíficos sostienen que el llamado «efecto Mozart» (aumento de la actividad cerebral cognitiva a cualquier edad por escuchar música clásica, particularmente la de Mozart) es un mito, aunque al mismo tiempo admiten que estudiar música o tocar un instrumento sí ayudan al desarrollo cognitivo, además de facilitar la integración social y el aprendizaje de idiomas.

Y ¿QUÉ ES LA «MÚSICA CLÁSICA»?

Categorizar la música siempre ha sido una cuestión difícil porque los criterios de clasificación son varios y diferentes. Así, hay música vocal e instrumental. Música profana y religiosa. Música seria y música jocosa. Música popular y música culta. Música tradicional y música moderna. Música con instrumentos tradicionales y música electrónica. Música para el baile folclórico, popular o el ballet. Música para el teatro, el cine y la televisión…

Este libro pretende ayudar a disfrutar de una categoría de música cuyo calificativo, «clásica», parece aceptado y comprendido por todo el mundo. Ahora bien, ¿qué es la música clásica? Si por clásico entendemos lo que perdura en el tiempo sin perder vigencia por ser modélico en su ámbito artístico o cultural, las músicas del *gamelán* indonesio, la *ópera china*, el *pizmonim* hebreo, el *dastgah* iraní o el *nubah* andalusí son inequívocamente clásicas.

Pero en nuestro ámbito cultural occidental, por clásica entendemos la música académica, históricamente documentada, que nació y evolucionó en

Europa Occidental, desde donde se extendió a otros continentes siguiendo dos vías principales de colonización, la ibérica y la anglosajona. «Música clásica» es por tanto un concepto transversal en el tiempo y el espacio que atraviesa todos los géneros, formas y estilos musicales: tan clásica es el canto gregoriano del siglo V como la música concreta del siglo XX. Sin que ello signifique minusvalorarlas como géneros musicales (pues en absoluto es «música inculta»), quedan fuera de tal consideración tanto la música folclórica tradicional como la «popular» surgida en el siglo XX: jazz, pop, rock, etc., también denominada ligera, urbana o «moderna», aunque este último adjetivo crea confusión porque, aunque parezca un contrasentido, y como veremos a continuación, también hay una música clásica moderna.

Aclarado este aspecto semántico, en la historia de la música clásica podemos distinguir tres grandes eras: la antigua, la moderna y la contemporánea. A grandes rasgos (que ampliaremos al tratar las formas musicales):

- **Música clásica antigua:** es la que se desarrolló a lo largo de la Edad Media (siglos V al XV), progresando en tres aspectos básicos: de la música religiosa a la profana, de la vocal a la instrumental y de la monodia melódica a la polifonía y el contrapunto.
- **Música clásica moderna:** entre los siglos XV y XX. Fue la era de la tonalidad y de las estructuras musicales que dieron lugar a las grandes formas clásicas. Comprende las épocas conocidas como Renacimiento, Barroco, Clasicismo, Romanticismo, Postromanticismo, Impresionismo, etc.
- **Música clásica contemporánea:** comprende el último siglo, desde el final de la Primera Guerra Mundial hasta hoy. Es la era de la Atonalidad, el Dodecafonismo o serialismo, el Neoclasicismo y las Músicas electrónica y concreta.

A muy grandes rasgos, los grandes hitos de la historia de la música clásica fueron el nacimiento de la polifonía y de la música profana en la Baja Edad Media y el Renacimiento, el surgimiento de la ópera y el establecimiento de la tonalidad en el Barroco, la definición de las formas musicales en el Clasicismo, la libertad individual y la intensidad expresiva del Romanticismo y la aparición de alternativas al sistema tonal en el siglo XX.

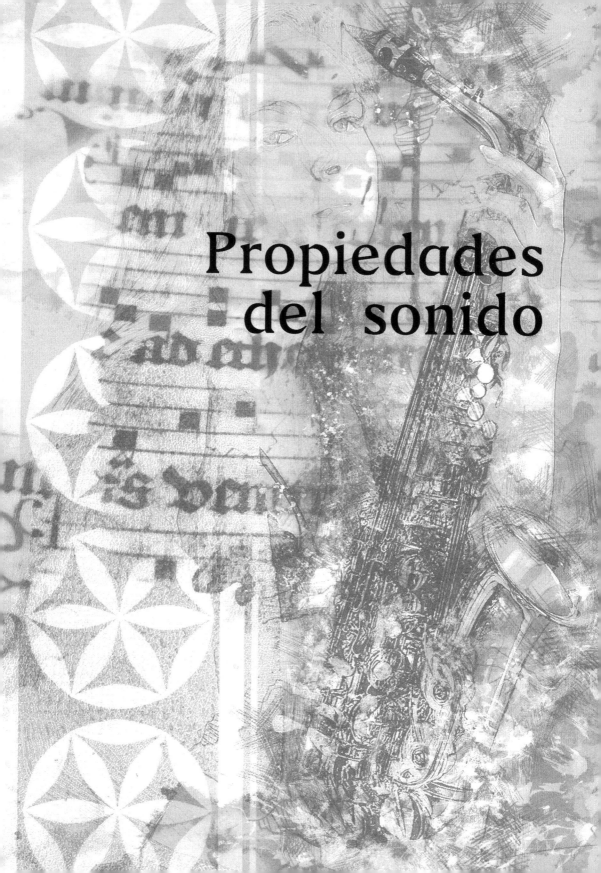

Propiedades del sonido

Todos los sonidos que el oído humano puede detectar, desde el producido por la estridente sirena de un camión de bomberos hasta el apacible solo de flauta que inicia el *Preludio a la siesta de un fauno* de Claude Debussy, comparten cinco propiedades o características esenciales: *altura*, *duración*, *intensidad*, *ritmo* y *timbre*.

Algunos libros de teoría musical solo contemplan las cuatro primeras y abordan el ritmo conjuntamente con la armonía y la melodía. En este lo incluimos como propiedad sonora porque el ritmo no es exclusivo de los sonidos musicales: los latidos del corazón, el canto de algunas aves o el oleaje también poseen sus ritmos.

Sin ánimo de resultar exhaustivos o excesivamente académicos, en los siguientes capítulos realizaremos un breve estudio de cada una de ellas. Dado que este libro no pretende ser un tratado más de teoría musical ordenado por materias, nos ocuparemos de ellas a medida que vayan apareciendo en el texto.

Altura

Esta propiedad del sonido, también llamada *entonación*, determina cuán grave o agudo es y depende de fenómenos físicos y ecuaciones matemáticas que conviene explicar siquiera someramente.

VIBRACIÓN Y ONDA SONORA

Cuando se lanza una piedra contra la superficie en calma de un estanque, a partir del punto de impacto se generan pequeñas elevaciones circulares de la lámina acuosa, u ondas, que se propagan circunferencialmente. Del mismo modo, cuando damos una palmada provocamos una perturbación del medio elástico que nos rodea, el aire, en forma de vibraciones invisibles, las ondas sonoras.

El físico alemán Heinrich Rudolph Herz descubrió la propagación de las ondas electromagnéticas. En su honor, se denominó *hertz* (hercio, en castellano) a la unidad de medida de la frecuencia o número de veces que algo se repite en un tiempo determinado. Un hercio equivale a un ciclo o repetición por segundo.

Las dos coordenadas de la onda sonora son la longitud (horizontal) y la amplitud (vertical).

- *Amplitud:* es la altura o profundidad máxima de la onda, medida desde el punto de inflexión. A más amplitud, mayor intensidad o volumen sonoro. Se mide en decibelios.
- *Longitud:* es la distancia entre dos crestas (puntos más altos) o dos valles (puntos más bajos). A menos distancia el sonido será más agudo (frecuencia más alta), y a más distancia, más grave (frecuencia más baja). Se mide en hercios.

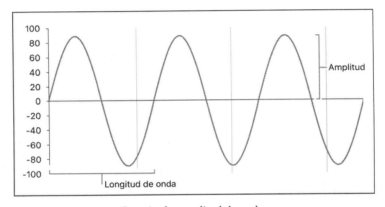

Longitud y amplitud de onda.

De ambas características físicas de la onda, ahora nos interesa destacar una, la frecuencia. Todos los sonidos que recogen nuestros oídos poseen la suya. El oído humano sólo puede percibir sonidos cuya frecuencia oscile entre los 20 (sonidos más graves) y los 20.000 hercios (sonidos más agudos), aunque a partir del sexto decenio de vida el límite superior suele descender hasta los 15.000 incluso en oídos sanos. Así que no vale la pena gastar un dineral en adquirir auriculares que prometen una respuesta de frecuencias entre 5 y 50.000 hercios, porque por mucho menos podrá adquirir otros con excelentes prestaciones y un rango de frecuencias que su oído podrá captar[7].

En el pentagrama de la siguiente figura se extiende una «escalera» de notas de dos octavas que comienza y finaliza con un *do*. En música, «nota» significa

---

7. Sin embargo, aunque imperceptibles por el oído humano, infrasonidos emitidos por aparatos como aviones o acondicionadores de aire pueden deprimir el estado de ánimo e incluso provocar síntomas físicos en las personas expuestas.

tanto el sonido que produce una vibración de frecuencia invariable —por ejemplo, al pulsar la tecla de un piano— como el signo o figura que la representa en el sistema de notación musical. Así, la sexta figura comenzando por la izquierda es la nota *la* que representa al sonido que resulta al pulsar el *la4* del teclado que, como veremos seguidamente, vibra a 440 ciclos por segundo.

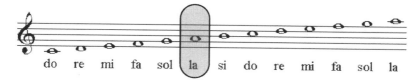

La «escalera» de notas (escala de *do mayor*). En un piano, la cuarta nota *la* del teclado comenzando por la izquierda, el *la4*, es la unidad de medida de la afinación musical.

De momento fijémonos solo en que cada nota es más «alta» que la precedente pero menos que la siguiente, como los escalones. Cuanto más alta se sitúa la nota en el pentagrama, o más a la derecha en el teclado, decimos que es más aguda, y más grave cuanto más baja en el pentagrama o más a la izquierda en el teclado.

Teclado de un piano de cola.

A lo largo de este libro pediremos varias veces al lector que se fije en el teclado de un piano como el que muestra la figura anterior. Se trata de un piano mecánico clásico estándar, que dispone de 88 teclas, 52 blancas y 32 negras, que abarcan 7 ¼ escalas (siete completas de doce teclas más cuatro). La tecla más a la izquierda, el *la0*, produce el sonido más grave (27,5 Hz) y la situada en el extremo derecho, el *do8*, el más agudo (4.186 Hz). Es el momento de llamar a estos sonidos por su nombre musical: tonos[8].

El tono es un sonido integrado en una escala ordenada de frecuencias: hay tonos graves (16-250 Hz), medios (251-2.000 Hz) y agudos (2001-

---

8. En música, «tono» posee dos significados: grado de altura del sonido e intervalo y, como se verá más adelante, distancia entre notas equivalente a un sexto de la octava.

20.000 Hz). Por debajo y por encima de estos límites también se emiten sonidos, inaudibles por el oído humano[9], llamados infrasonidos y ultrasonidos, respectivamente.

El tono de la voz humana oscila entre los 50 y 200 Hz para el varón y de 150 a 350 en la mujer.

La horquilla metálica que se utiliza para afinar los instrumentos musicales, el diapasón, vibra a 440 hercios, la frecuencia que una conferencia internacional celebrada en 1939 asignó convencionalmente al sonido de la mencionada nota *la4* del piano, situada a la derecha del *do* central.

Antes de comenzar un concierto sinfónico, el concertino o violín principal «*da el la*» al resto de la cuerda y un oboísta hace lo propio con la familia de la madera. Es la afinación, cuya finalidad es lograr la hazaña de que hasta ciento veinte músicos toquen sus instrumentos exactamente en la misma frecuencia. El instrumento con el límite inferior de su rango de frecuencia más bajo es el contrafagot (25 Hz) y con el límite superior más alto el flautín o piccolo (5.200 Hz).

CUESTIÓN DE CUERDAS

Como veremos cuando nos ocupemos de los instrumentos musicales de cuerdas, la longitud de estas es inversamente proporcional a la frecuencia con la que vibran, lo que significa que frotar con el arco las más largas (las del contrabajo) produce un sonido más grave que las del violonchelo, las de este más agudo que las de la viola y las de esta más agudo que el violín.

Con respecto a las voces de los cantantes líricos, estas son los rangos de las frecuencias en hercios de su tesitura, también llamada cuerda, que es la extensión de la «escalera» de notas que se pueden entonar con comodidad y musicalidad:

- Soprano: desde el *do4* hasta el *do6* (260-1046 Hz)
- Mezzosoprano: desde el *la3* hasta el *la5* (220-880 Hz)
- Contralto: desde el sol3 hasta el *fa5* (196-698 Hz)
- Tenor: desde el *re3* hasta el *la4* (146-440 Hz)
- Barítono: desde el *sol2* hasta el *mi4* (98-329 Hz)
- Bajo: desde el *mi2* hasta el *do4* (82-261 Hz)

---

9. Pero no por otros animales: las jirafas y los elefantes se comunican mediante infrasonidos, mientras que los perros y los delfines perciben ultrasonidos.

El famoso *do de pecho* o sobreagudo[10], momento estelar de la ópera *La hija del regimiento* de Gaetano Donizetti, corresponde a un *do5* (523 Hz). Gioacchino Rossini fue aún más exigente con el tenor de su *Stabat Mater* introduciendo en el *Cuius animam* un re bemol sobreagudo (554 Hz).

La explicación de estas diferencias de frecuencias reside en unos repliegues de la mucosa que tapiza interiormente la laringe humana, mal llamados cuerdas vocales.

Si levantamos la tapa del piano de cola veremos una especie de arpa metálica formada por una serie de alambres de acero igualmente llamadas «cuerdas» que al ser percutidas por los martillos accionados por las teclas producen las notas. Las más largas y gruesas están situadas en la parte izquierda, desde donde van disminuyendo de longitud hasta las más cortas situadas a la derecha. Cuanto más largas son producen sonidos más graves, y cuanto más cortas, más agudos. Lo mismo sucede con las cuerdas vocales, cuya longitud oscila entre 17,5 y 25 milímetros en el varón adulto y entre 12 y 17,5 mm en la mujer. Las cuerdas vocales más cortas producirán un canto más agudo, y y más grave las más largas. Por tanto, los cantantes no deciden ser tenores o sopranos sino que su tesitura vocal depende directamente de una condición anatómica con la que nacieron.

Hablando de cuerdas, el filósofo y matemático griego Pitágoras descubrió en el siglo V a.C la relación que existe entre vibraciones y altura del sonido, mediante un sencillo experimento que explicaremos en el capítulo de las Escalas.

INTERVALOS

En el lenguaje musical, la diferencia de altura entre dos sonidos y sus correspondientes notas musicales se denomina *intervalo*. Para definirlos se incluyen la primera y la última nota: entre *do* y *re* hay un intervalo de segunda, entre *do* y *mi* de tercera, etc., hasta la octava o altura entre dos *do* consecutivos.

---

10. Tenores como Luciano Pavarotti y Juan Diego Flórez han vivido grandes tardes de gloria interpretando el papel de Tonio de esta ópera, que exige emitir nueve veces seguidas esta nota extrema a voz plena, sin recurrir al falsete.

Intervalos principales de la escala de do mayor.

El intervalo se denomina melódico si las dos notas suenan sucesivamente, y armónico si, como en la figura, suenan simultáneamente. Los intervalos pueden ser ascendentes, cuando la segunda nota es más aguda, o descendentes cuando es más grave. Los intervalos reciben su nombre dependiendo del número de tonos (T) y semitonos (St) que comprenden. Volveremos sobre esto cuando hablemos de escalas.

Mencionemos como curiosidad que el intervalo de tres tonos enteros o tritono estuvo «prohibido» por la antigua Iglesia católica, valedora del número tres como símbolo de la Trinidad, lo que le valió el sobrenombre *diabolus in musica*. En la escala diatónica, lo forman las notas *fa* y el siguiente *si*, o *si* y el siguiente *fa*, y en la Edad Media su siniestra disonancia (puede estrenar su teclado reproduciéndola) se llegó a considerar «diabólica».

Tritonos *si-fa* y *fa-si*.

Grabado que representa al diablo ejecutando un tritono en su violín.

DANZA MACABRA DE SAINT-SAËNS. CHARLES DUTOIT DIRIGE LA PHILARMONIA ORCHESTRA.

A partir de la «absolución» del tritono en el siglo XVIII muchos compositores lo utilizaron en sus obras, como Camille Saint-Saëns en el comienzo de su poema sinfónico *Danza macabra*: a medianoche, la Muerte toca el violín y los esqueletos bailan.

ALTERACIONES

La altura de una figura se puede subir o bajar en uno o dos semitonos. Los signos que lo indican se denominan alteraciones, y son los siguientes:

Alteraciones. 1. Sostenido 2. Doble sostenido 3. Bemol 4. Doble bemol 5. Becuadro

- *Sostenido:* sube un semitono (en el ejemplo de la figura, a *sol sostenido*, por lo que en el teclado deberá pulsarse la nota negra situada a la derecha de *sol*).
- *Doble sostenido:* sube dos medios tonos = un tono (deberá pulsarse *la*).
- *Bemol:* baja un semitono (deberá pulsarse la tecla negra a la izquierda de *sol*).
- *Doble bemol:* baja dos semitonos = un tono (deberá pulsarse *fa*).
- *Becuadro:* devuelve su altura original a la nota alterada (*sol* natural).

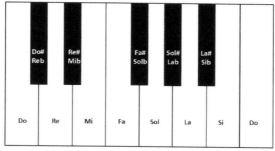

Entre cada tecla y sus vecinas, blancas o negras, hay un semitono. Las teclas negras pueden tener dos nombres, dependiendo de la armadura o de las alteraciones que las afecten, pero *sol* ♭ (bemol) y *fa* ♯ (sostenido), por ejemplo, producen el mismo sonido (se denominan notas enarmónicas)

Se comprenderá que las alteraciones son ocasionales y temporales. Cuando una figura ha de estar alterada en toda la partitura se indica con la correspondiente *armadura*, de la que hablaremos en otro capítulo (la de la figura siguiente presenta cuatro bemoles, correspondientes a la tonalidad de *la bemol mayor*).

El becuadro de la nota *si* del primer compás «anula» el bemol que le impone la armadura.

Duración

La experiencia sonora cotidiana nos familiariza con que las ondas sonoras más diversas que alcanzan nuestros oídos acaban extinguiéndose. Algunos sonidos son únicos y breves, como el de una palmada; otros, repetitivos como las campanadas del reloj, y otros constantes como el ruido del tráfico en una gran ciudad.

En música, sin embargo, la exacta duración de cada sonido es fundamental, tanto para el músico que compone su obra como para el intérprete que ha de leer la partitura. Por ello, las notas o figuras musicales están organizadas en la jerarquía de valores que se muestra más abajo. Una figura redonda dura como dos blancas, una blanca como dos negras, un negra dos corcheas, una corchea dos semicorcheas, una semicorchea dos fusas, una fusa dos garrapateas y una garrapatea dos semigarrapateas, cuyo valor es de 1/256 de la redonda (esta y la semifusa rara vez se encuentran en una partitura, igual que la cuadrada, cuyo valor es de dos redondas).

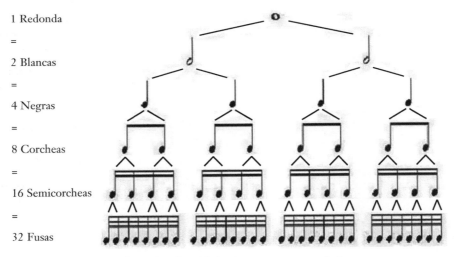

1 Redonda

=

2 Blancas

=

4 Negras

=

8 Corcheas

=

16 Semicorcheas

=

32 Fusas

Jerarquía de valores de las figuras o notas musicales.

FIGURAS O NOTAS

Las *notas* son signos que determinan dos características importantes del sonido: su duración, por sí mismas, y su entonación o altura por la posición que ocupan en el pentagrama.

Las figuras blanca y negra se componen de cabeza y plica. A partir de la corchea se añaden los corchetes, que pueden sustituirse por barras que unen varias plicas dentro del mismo pulso del compás. De la segunda línea para abajo la plica se coloca a la derecha de la cabeza y en sentido ascendente, y lo contrario del tercer espacio hacia arriba. El número de corchetes aumenta a medida que disminuye el valor de la nota: la corchea lleva uno, dos la semicorchea y así hasta los seis de la semigarrapatea.

Partes de una figura y orientación de la plica en el pentagrama.

Más adelante veremos cómo las notas han de repartirse el tiempo que concede a cada compás el ritmo marcado. Pero, independientemente de su duración relativa, existe un concepto que define la velocidad a la que se interpreta una obra musical: el *tempo* (tiempo, en italiano).

Aunque cada figura posee su duración exacta dentro del compás, el compositor puede alargar o abreviar el sonido de una nota. En unos casos, lo veremos al hablar de articulación, sin alterar su independencia. En otros, prolongando su valor, a costa de la siguiente, por medio del puntillo o de la ligadura.

El *puntillo* es un punto que, colocado a la derecha de la cabeza de una nota o un silencio, prolonga su duración en la mitad de su valor. El doble puntillo la prolonga en ¾ de su valor.

La *ligadura* es una línea curva que enlaza notas de la misma altura prolongando el sonido tanto como la suma de sus duraciones.

Tanto el puntillo (pentagrama central) como la ligadura (derecho)
prolongan el sonido del primer pulso durante todo el compás.

EL TEMPO

Antes del siglo XVIII los compositores indicaban la velocidad a la que debían interpretarse sus piezas con palabras (cómo no, italianas) que proporcionaban al intérprete una vaga idea sobre su duración, como *allegro* (rápido), *andante* (ni rápido ni lento) o *adagio* (lento). Pero no se sabía con exactitud cuánto debía durar una figura redonda, y en consecuencia una negra o una corchea.

En 1816 un inventor de artilugios mecánicos sin demasiados escrúpulos llamado Johann Nepomuk Mälzel patentó y comercializó el metrónomo, obra de otro, que marca un ritmo constante cuya velocidad se puede variar a voluntad. El metrónomo mecánico clásico consta de un péndulo formado por un eje de base inferior con un contrapeso corredero sobre una escala de cifras que indican el número de negras que han de interpretarse en un minuto. Hoy existen metrónomos digitales e incluso virtuales a través de aplicaciones descargables de internet.

Metrónomos de Mälzel (izda.) y digital (dcha.).

Mälzel se ganó la confianza de Beethoven proporcionándole unas trompetillas inútiles frente a su sordera. No sabemos si como homenaje a su invento, o para burlarse de él, Beethoven escribió el *Allegretto scherzando* (*scherzare* significa jugar) a ritmo de metrónomo, reproduciendo los tic-tac mediante semicorcheas en *staccato*[11].

Transcripción para piano por Franz Liszt del segundo movimiento de la Sinfonía nº 8 de Beethoven. La mano izquierda (pentagrama inferior) sigue el ritmo del metrónomo.

---

11. Beethoven fue posiblemente el primer compositor que utilizó el metrónomo, pero las indicaciones de sus *tempi* suelen exigir tal velocidad de ejecución que muchos intérpretes no las tienen en cuenta.

A partir de entonces, los compositores dispusieron de una indicación precisa del *tempo* o velocidad a la que debían interpretarse sus obras. Para ello, al inicio de la partitura escribían, por ejemplo, ♩ = 60, lo que significa que cada nota negra debe durar un segundo (medio segundo una corchea, dos una blanca, cuatro una redonda, etc.). Sin embargo, durante los dos siglos siguientes todos siguieron utilizando los términos italianos —o alemanes, en el caso de compositores como Mahler o Bruckner— de los que destacaremos los más frecuentes:

SEGUNDO MOVIMIENTO DE *LA SINFONÍA Nº 8 DE BEETHOVEN*. NIKOLAUS HARNONCOURT AL FRENTE DE LA ORQUESTA DE CÁMARA DE EUROPA.

- *Grave:* muy despacio.
- *Lento:* despacio.
- *Largo:* con amplitud.
- *Adagio:* entre Largo y Andante.
- *Andante:* velocidad de paseo.
- *Moderato:* algo más rápido que el Andante.
- *Allegretto:* más bien rápido.
- *Allegro:* rápido.
- *Vivace:* vivo.
- *Presto:* muy rápido.

Estos términos pueden complementarse con otros, más indicadores de expresión que de velocidad, como *assai* (bastante), *molto* (mucho), *con moto* (con movimiento), *sostenuto* (sostenido), *ma non troppo* (pero no demasiado), *giusto* (justo), con *fuoco* (fogosamente, etc.), *cantabile*, *lamentoso*, *rubato* (alteración en la duración de determinadas notas con finalidad expresiva), etc.

TEMPI AD LIBITUM

Otra de los términos musicales indicativos de expresión es *ad libitum*, que significa «a gusto o voluntad». Algunos intérpretes o directores no lo aplican solo a un pasaje concreto, sino a la obra entera. Interpretaciones de la misma música pueden presentar duraciones muy diferentes, según el criterio de cada director para escoger sus *tempi*, y valgan los siguientes dos ejemplos.

En su grabación de las *Variaciones enigma* de Edward Elgar, al director sir Adrian Boult, al frente de la Orquesta Sinfónica de Londres, la IX variación, *Nimrod* (un Adagio) le duró 3 minutos y 54 segundos, mientras que Leonard Bernstein, dirigiendo a la Orquesta Sinfónica de la BBC, extendió el tempo hasta los 6 minutos y 7 segundos.

El lector puede escuchar a continuación ambas grabaciones en las que, además de comprobar la libertad con la que grandes directores escogen sus *tempi*, podrá quedarse con la versión que más le guste.

NIMROD, DE LAS *VARIACIONES ENIGMA*, POR SIR ADRIAN BOULT

NIMROD, DE LAS *VARIACIONES ENIGMA*. POR LEONARD BERNSTEIN.

Lógicamente, en obras mucho más largas que la anterior, las diferencias de tiempo son más notables. En la grabación histórica de Fritz Busch (Teatro Colón de Buenos Aires, 1936), el wagneriano «festival escénico sagrado» *Parsifal* dura 3 horas y 48 minutos y en la de James Levine (Festival de Bayreuth, 1985) 4 horas y 38 minutos, casi una hora más.

Naturalmente, los destinatarios de las interpretaciones también tenemos nuestras preferencias y puede no gustarnos una versión más rápida o más lenta que la expectativa de nuestro cerebro para cada obra, porque sabe cuál es la que nos proporciona más placer o rechazo. Gracias a las plataformas que ofrecen transmisión y descarga de archivos digitales de contenido musical *(streaming)*, la oferta de diferentes versiones de las grandes obras clásicas es enorme y, desde luego, inabarcable[12], pero permite al melómano escoger sus *tempi*, igualmente, ad libitum. Para lo cual solo se necesita un teléfono inteligente, una aplicación descargada y unos auriculares decentes. La biblioteca musical que antes nos ocupaba paredes enteras de estanterías, hoy podemos llevarla en el bolso o el bolsillo. Nunca fue tan fácil disfrutar de la música que nos gusta como ahora.

Intensidad

La intensidad es el grado de potencia o volumen de un sonido. Entre la intensidad casi imperceptible que genera la respiración normal en una habitación tranquila (unos 10 dB) hasta el nivel insoportable para el oído humano que produce el despegue de un cohete espacial (180 dB), se extiende una gama dinámica de sonidos de intensidad creciente. Nuestra vida cotidiana en medio urbano soporta entre 40 y 70 dB. 120 dB se considera el «umbral del dolor», aunque la exposición continuada a ruidos entre 100 y 110 dB («umbral tóxico») puede ocasionar daños permanentes en el oído medio.

En un capítulo anterior nos interesamos por una de las características físicas de la onda: la frecuencia, que depende de la longitud de las ondas. Hablando de intensidad sonora es obligado referirse a la otra, la amplitud: a más amplitud, mayor intensidad.

La intensidad del sonido se mide en decibelios (dB), aunque el decibelio[13] no es una unidad de medida progresiva de la intensidad, sino un diferencial de presión sonora cuyo aumento es logarítmico: un aumento de 3 dB supone duplicar la intensidad sonora. Es decir, un ruido de 80 dB no es una cuarta parte sino treinta veces más fuerte que otro de 65.

La capacidad auditiva de percibir la intensidad de un sonido como fuerte o débil se llama **sonoridad**. Es una cualidad subjetiva, por lo que no existe una medida directa, aunque la unidad de sonoridad es el *fonio*. Un sonido posee tantos fonios como los decibelios que tendría en una frecuencia de 1.000 Hz (100 Hz a 20 dB corresponderían a 4 dB a 1.000 Hz, o sea 4 fonios).

---

12. *Spotify* ofrece ¡más de 300! versiones de la *Sinfonía nº 5 de do menor op. 67* de Ludwig van Beethoven.
13. Un decibelio es la décima parte del Belio, unidad que debe su nombre al inventor Alexander Graham Bell.

LOS RIESGOS DE LA MÚSICA ALTA

Los oyentes de música en un equipo de alta fidelidad, sobre todo a través de auriculares, se arriesgan a padecer lesiones del oído si éste se ve sometido a sonidos de intensidad elevada durante mucho tiempo. Las lesiones pueden consistir en acúfenos (zumbidos), pérdida de audición e incluso sordera permanente. La Organización Mundial de la Salud estableció la línea roja del riesgo en soportar 85 decibelios más de ocho horas al día[14].

Las recomendaciones para evitar el daño auditivo mientras se escucha música incluyen:
- Preferir los auriculares supraaurales (que rodean el pabellón auricular) a los intraaurales (que se introducen en el oído externo).
- Escuchar menos de ocho horas al día y/o no superar el 70% del volumen máximo que permita el dispositivo.
- Utilizar auriculares provistos de sistema de cancelación de ruido, que permiten disfrutar de la música a menos volumen.
- Utilizar como fuente musical dispositivos electrónicos que permiten ajustar el nivel del volumen.

Con respecto a la música interpretada en vivo, una orquesta sinfónica puede alcanzar los 90 ó 100 dB en momentos puntuales, aunque la mayoría de las obras clásicas no superan estos niveles de volumen sonoro. Con todo, quienes más sufren los efectos son los propios músicos, sobre todo los encargados de la percusión y los instrumentos de viento, y el director, que es el oyente más próximo a la orquesta.

Los niveles de intensidad sonora son más elevados en los conciertos de música moderna. Una banda de rock suele alcanzar los 120 dB que, a diferencia de los picos decibélicos ocasionales de la orquesta clásica, suelen mantenerse durante todo el tiempo que dure el concierto[15].

---

14. En 2022 la OMS ha informado de que más de 1.000 millones de personas entre los 12 y los 35 años corren riesgo de pérdida definitiva de audición por exposición excesiva y prolongada a música demasiado alta y otros sonidos recreativos.
15. El récord mundial de estruendo rockero, 126 dB, lo estableció la banda *The Who* en un concierto celebrado en Londres en 1976.

DINÁMICA MUSICAL

En el lenguaje musical se denomina dinámica al grado de intensidad del sonido, en un abanico que oscila entre el *pianissimo* (la intensidad más débil) al *fortissimo* (la más fuerte).

Los grados de intensidad se denominan *matices* dinámicos, que se expresan en la partitura mediante abreviaturas de palabras del idioma musical por antonomasia, el italiano. Las más utilizadas son las siguientes:

Abreviatura	Matiz	Significado
ppp	molto pianissimo	Con la máxima suavidad
pp	pianissimo	Muy suave
p	piano	Suave
pf	piano forte	Suave y después fuerte
mp	mezzopiano	Medio suave
mf	mezzoforte	Medio fuerte
fp	fortepiano	Fuerte y después suave
f	forte	Fuerte
ff	fortissimo	Muy fuerte
fff	molto fortissimo	Con la máxima fuerza

El *pianissimo* ronda los 40 dB; el *piano*, 50 dB; el *mezzopiano*, 60 dB; el *mezzoforte* los 70 dB, el *forte* los 80 dB y el *fortissimo* los 90-100 dB.

Otros términos del idioma italiano escritos en la partitura indican modificaciones súbitas *(subito)* o paulatinas de la intensidad, como *crescendo* o *aumentando* y *decrescendo* o *diminuendo*, *rinforzando* (reforzando), *smorzando* (apagamiento progresivo) o *morendo* (disminución de la intensidad y enlentecimiento).

Ritmo

El ritmo es la única característica fundamental del sonido no exclusivamente musical. Entendido como «orden acompasado en la sucesión o acaecimiento de las cosas», el ritmo lo encontramos en la naturaleza con la alternancia de las mareas o los cambios de estación y también en cada individuo en los latidos del corazón, los pasos al caminar o el ciclo biológico que experimenta el cuerpo cada día, o ritmo circadiano. Además, hay ritmo en el habla o en la poesía y decimos que el ritmo de una novela o un filme es frenético o que el ritmo de la vida sigue su curso.

La raíz griega de la palabra ritmo *(rythmós)* es *reîn* = fluir. El término lleva implícita la característica principal del ritmo, el movimiento, o mejor, el desplazamiento hacia adelante, como el caudal de un río, por lo que el ritmo es esencial en el desarrollo de la «música para el movimiento», es decir, el baile y la danza. El ritmo musical puede definirse como la sucesión ordenada de sonidos y silencios de distinta duración. En la teoría musical, el ritmo viene determinado por la duración de las notas y los silencios contenidos en la partitura. Por tanto, el ritmo está íntimamente relacionado con la duración y también, como veremos, con la melodía, a la que podemos considerar como un cuerpo carnoso cuyo aparato locomotor, que le proporciona soporte y movilidad, sería el ritmo.

Los tres elementos del ritmo musical son el compás, el pulso y el acento.

- El término *compás* posee dos significados: es el espacio del pentagrama limitado entre dos rayas verticales que contiene notas con un valor total determinado y también el «quebrado» indicador del tipo de compás (2/4, 3/4, 4/4).
- El *pulso* es cada una de las partes o tiempos iguales en que se divide un compás. Cada compás se divide en tantos pulsos como indica el numerador: dos el binario, tres el ternario, etc.
- El *acento* es el énfasis o aumento de intensidad que el compositor pone sobre algunas notas o acordes para destacar su sonido sobre los demás del compás. Como veremos más adelante, se anota en el pentagrama como un pequeño ángulo agudo de vértice derecho colocado sobre o bajo la nota acentuada.

Compás de 4/4 con sus cuatro pulsos; el primero y el tercero están acentuados.

LOS TRES RITMOS MUSICALES BÁSICOS

Imaginemos a una mujer calzada con zapatos de tacón caminando por un suelo entarimado. El tac-tac marcado por los pasos, siguiendo una alternancia regular, es un ejemplo cotidiano de lo que en teoría musical se denomina ritmo binario.

Todos los padres hemos jugado con nuestros bebés al caballito: sentados sobre nuestros muslos, imitamos su movimiento en marcha siguiendo tres ritmos de menor a mayor velocidad, mientras se les canta: al paso, al trote… ¡y al galope! El éxito del juego siempre está asegurado. Pues bien, el aire del caballo al galope sigue un ritmo ternario; al paso, binario, y al trote, cuaternario.

Y, en fin, los aplausos del público jaleando la *Marcha Radetzky* con la que finaliza siempre el Concierto de Año Nuevo en la sala Musikverein de Viena se acoplan al ritmo cuaternario de la partitura.

Compases en ritmo binario (2/4), ternario (3/4) y cuaternario (4/4).

Las dos cifras situadas como un quebrado sin línea después de la clave (de sol, en este caso) son la medida del compás y significan lo siguiente:

- La cifra superior, colocada entre las líneas tercera y quinta del pentagrama (la primera es la inferior), indica el número de notas que «caben» en cada compás: 2, 3 ó 4 en los ejemplos anteriores.
- La cifra inferior, entre las líneas primera y tercera, indica el valor de cada una de esas notas: una negra, en los tres ejemplos de la figura anterior, ya que hemos escogido el 4 como común denominador. Otra manera de definirla es que indica el número de notas que comprende una redonda (cuatro negras, en este caso).

A RITMO DE PALMADAS

Ahora realizaremos un pequeño ejercicio práctico consistente en interpretar unos sencillos pentagramas con las manos. Se trata de dar suaves palmadas siguiendo los distintos ritmos mostrados. En cada compás hay que dar con regularidad tantas palmadas como indique el numerador, independientemente del número de notas, y marcar cada una de estas pronunciando la sílaba «ta».

Cuando la nota sea una negra habrá que pronunciar *un* ta; si es un grupo de dos corcheas, *ta-ta* (pero *en la misma palmada* e, importante, dividiendo el tiempo que dure equitativamente entre ambos *ta*, sin precipitarse con el segundo), y si es una blanca, un solo *ta* pero prolongando la *a* durante los dos, tres o cuatro tiempos del compás. La T mayúscula indica el acento o énfasis que debe ponerse en cada compás: en el primer tiempo en el binario y el terciario y en el primero y tercero en el cuaternario. Parece complicado, pero es muy fácil y le mostrará que es capaz de comenzar a leer una partitura.

Antes de comenzar, debe aprender a marcar el ritmo de cada compás en el aire con movimientos de la mano:

- Ritmo binario o en 2 tiempos: abajo-arriba (y vuelta abajo para iniciar el siguiente compás)
- Ritmo ternario o en 3 tiempos: abajo-derecha-arriba (ídem).
- Ritmo cuaternario o en 4 tiempos: abajo-izquierda-derecha-arriba (ídem).

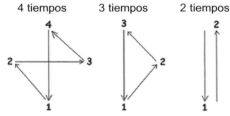

Movimientos de la mano para marcar los compases cuaternario (4/4), ternario (3/4) y binario (2/4).

Como una redonda vale dos blancas, cuatro negras y ocho corcheas, el compás del taconeo (dos pisadas, representadas por negras) también podría estar ocupado por una negra y dos corcheas, cuatro corcheas o una blanca (recuerde dar dos palmadas por compás):

el del segundo (el galope, tres negras), puede estar ocupado por una blanca y una negra, dos negras y dos corcheas o cuatro corcheas y una negra (tres palmadas por compás):

y el tercero (cuatro palmadas, cuatro negras) por dos blancas una blanca y dos negras o una redonda (cuatro palmadas por compás):

Ta   ta   Ta   ta   Taa   Taa   Taa   ta   ta   Taaaa

Cada tiempo del compás puede dividirse a su vez en una parte fuerte y otra débil:

Subdivisión de los tiempos de un compás ternario en una parte fuerte y otra débil.

Como vemos, la indicación del compás es el signo que fija el ritmo de una composición, de acuerdo con la métrica o distribución de los acentos fuertes y débiles escogida por el compositor.

COMPASES MÁS COMUNES:

- *Compás binario* o en dos tiempos o pulsos, el primero fuerte y el segundo débil. Son el 2/4 (representado también con una letra c minúscula), y el 6/8.
- *Compás ternario* o en tres tiempos o pulsos, el primero más fuerte que los otros dos. Son el 3/4 (el del vals) y el 9/8.
- *Compás cuaternario* o en cuatro tiempos (llamado *compasillo*), el primero algo más fuerte que el tercero y éste algo más que los otros dos: el 4/4 (representado también con una C mayúscula) y el 12/8.

Los compases 2/4 y 3/4 son simples porque cada pulso puede subdividirse en mitades *(subdivisión binaria)*; los compases 6/8 y 9/8 son compuestos porque cada pulso puede subdividirse en tercios *(subdivisión ternaria)*.

Existen otros compases, llamados irregulares como los 7/8, 8/8, 11/8 y 13/8, aunque el más utilizado es el compás en cinco tiempos como el 5/4 presente en obras tan distintas como el segundo movimiento *Allegro con grazia* de la Sinfonía Patética de Chaikovski, la célebre pieza de jazz *Take five* (literalmente, «Toma cinco») de Paul Desmond y Dave Brubeck, o el 5/8 de ciertas danzas folclóricas como la vasca zortziko (de *zortzi* = ocho). Sus acentos pueden variar.

En el compás izquierdo los acentos (simbolizado por el angulito inferior) del compás 5/4 recaen sobre la primera y la cuarta notas (esquema 3+2) y en el derecho sobre la primera y la tercera (esquema 2+3).

Unas líneas para hablar del *tresillo*. Aunque en cada tiempo o pulso de un compás 2/4, por ejemplo, solo «caben» dos corcheas, es posible meter como con calzador una tercera entre ellas, aunque el valor de las tres resultantes es la misma que el de la pareja de corcheas. En esto consiste el tresillo, que se indica en el pentagrama con un 3 encima o debajo de las notas a las que afecta.

Tresillo de corcheas en el segundo compás.

El tresillo es solo uno de los llamados *grupos irregulares* o artificiales de notas, de los que se distinguen dos clases. Otros más usados son el dosillo (dos notas donde debían ir tres), el cinquillo (pueden equivaler a cuatro o seis), el seisillo (donde deben ir cuatro) y el septillo (puede equivaler a cuatro, seis u ocho).

Escuchemos ejemplos musicales de los compases más frecuentes.

COMPÁS BINARIO (2/4). ANDANTE DE LA SINFONÍA Nª 101 «EL RELOJ» DE JOSEPH HAYDN. NICHOLAS McGEGAN DIRIGE LA PHILARMONIA BAROQUE ORCHESTRA.

COMPÁS TERNARIO (3/4). VALS DE LA SUITE DE JAZZ Nº 2 DE DMITRI SHOSTAKOVICH POR LA RUSSIAN STATE SYMPHONY ORCHESTRA DIRIGIDA POR DMITRI YABLONSKY.

COMPÁS CUATERNARIO (4/4). *MARCHA RADETZKY* DE JOHANN STRAUSS. DANIEL BARENBOIM DIRIGE A LA ORQUESTA FILARMÓNICA DE VIENA.

COMPÁS IRREGULAR (5/4). *TAKE FIVE* DE PAUL DESMOND EN LA VERSIÓN DEL DAVID BRUBECK QUARTET.

SILENCIOS

Hasta ahora hemos hablado de las figuras o notas que aparecen en una partitura, pero es hora de mencionar otros símbolos que, siendo la negación del sonido, tienen mucha importancia en el desarrollo de la melodía y del ritmo de la música: los silencios o pausas. A cada figura le corresponde su signo de silencio y todos han de colocarse con exactitud en el pentagrama.

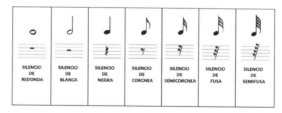

Símbolos de los silencios de las figuras y su ubicación en el pentagrama.

Primeros compases de una transcripción pianística del Preludio de la ópera *Tristán e Isolda* de Wagner, con silencios de redonda, negra y corchea. Los compases tercero y cuarto demuestran el paradójico poder expresivo que puede alcanzar el silencio en una obra musical.

Algunas composiciones comienzan en *anacrusa*, es decir, no con notas sino con silencio, seguido de figuras en el tiempo débil del compás, denominadas notas a contratiempo.

La anacrusa con entrada de las notas a contratiempo más célebre de la literatura musical es la del comienzo a la *Quinta Sinfonía* de Ludwig van Beethoven. El punto bajo un semicírculo, llamado *calderón* o *fermata*, prolonga la duración del sonido de las figuras o silencios sobre los que se escribe, en este caso las notas blancas.

Otra alteración del ritmo muy utilizada por los músicos con fines expresivos es la *síncopa*. Consiste en acentuar la nota que ocupa un tiempo o pulso débil del compás, en lugar del fuerte, lo que produce un efecto de «tropezón» que rompe el ritmo. Puede obtenerse, bien sustituyendo la nota que debería ir acentuada por su silencio,

bien prolongando el sonido de la nota fuerte con el de la débil o viceversa mediante una ligadura,

o con una nota cuya duración ocupe la parte débil de tiempo fuerte y la fuerte del débil siguiente:

ARTICULACIÓN Y FRASEO

En los ejemplos de compases se ha mostrado uno de los signos de acentuación que constituyen la llamada articulación de intensidad. El ejemplo nos da pie para abordar dos conceptos musicales muy importantes en el devenir del discurso sonoro: la *articulación* y el *fraseo*.

La articulación musical es una herramienta que el compositor utiliza para indicar al intérprete cómo debe producirse el ataque y la transición de una nota a otra.

Los signos de acentuación afectan a la duración o a la intensidad de una nota más utilizados son:
- *Staccato:* indica menor duración que las notas no acentuadas.
- T*enuto:* indica menor duración e intensidad.
- *Acento:* indica mayor intensidad que las notas no acentuadas.
- *Marcato:* mayor intensidad que el acento.

Las notas acentuadas se traducen en sonidos que se suceden con solución de continuidad. Por el contrario, el *legato* (ligado), expresado con una línea curva, significa que los sonidos de las notas que abarca deben fundirse, sin interrupciones.

Articulaciones: 1. Staccato 2. Acento 3. Marcato 4. Tenuto. 5. Legato.

Un método sencillo de entenderlo es cantar o pronunciar una frase intercalando cortas inspiraciones entre las sílabas o hacerlo de un tirón, sin respirar.

El resultado de aplicar todos estos signos el cantante o instrumentista se denomina *fraseo*.

Escucharemos ahora un ejemplo ilustrativo de la importancia del fraseo en la expresión musical. Se trata de los primeros compases de «Niños jugando», primera de las piezas de la obra para piano *Para los niños* de Béla Bartók, un compositor especialmente escrupuloso con el fraseo. La melodía es tan sencilla que podrá interpretarla en su teclado.

En primer lugar, tóquela o cántela sin los signos de acentuación, marcando suavemente cada nota o sílaba de modo que suenen separadas:

sol   sol   la   la   sol   sol   mi   fa   fa   re   re   mi   mi   do

El resultado es una cantinela más bien insulsa que no sugiere juego infantil alguno. Pero, observando los *staccato*, *tenuto* y *legato* requeridos por Bartók, la cosa cambia:

sol   sol   la   la   sol   sol   mi   fa   fa   re   re   mi   mi   do

NIÑOS JUGANDO, DE BÉLA BARTÓK. LAJOS KERTESZ, PIANO.

El ritmo saltarín obtenido sí nos permite imaginar sin esfuerzo a unos niños alegres jugando. Este *legato* entre notas de distinta altura se denomina de expresión y es distinto de la ligadura de notas de la misma altura, que como hemos visto indica prolongación del sonido fundiendo el de ambas.

LOS ADORNOS MUSICALES

Las denominadas notas de adorno son figuras únicas o en pequeños grupos sin valor propio dentro del compás que afectan a la nota sí dotada de valor inmediatamente posterior como «vistiendo» su sonido con un complemento musical que le proporciona gracia y elegancia. Son cuatro: la apoyatura, el mordente, el grupeto y el trino.

Notas de adorno y su ejecución. De arriba abajo: apoyatura, mordente, grupeto y trino.

Timbre

LA CUALIDAD INMUTABLE

De las cinco características del sonido que estamos estudiando, el timbre posiblemente sea la más fácil de explicar y entender. Existen varias definiciones, pero quizá la más sencilla sea esta: timbre es la cualidad invariable de un sonido que permite identificar de modo inequívoco su fuente emisora.

Detengámonos un momento en la voz humana. Supongamos que, tras cuarenta años sin saber nada de él, un antiguo compañero de estudios nos llama por teléfono. Si pudiésemos ver su rostro quizá no lo reconoceríamos, pero nos sorprenderá comprobar que su voz sigue siendo la misma. Esa característica inconfundible e invariable del sonido es el timbre. La vida cotidiana está llena de ruidos y sonidos que nos permiten distinguir su origen sin temor a equivocarnos: la sirena de la ambulancia, el canto del canario, el taladro del vecino, el pitido del microondas y, desde luego, la voz de cientos de personas diferentes. A lo largo de su carrera, los actores de pantalla envejecen a la vista del público; los de doblaje, nunca.

En el terreno del canto, solo con escuchar los primeros compases de una de sus canciones podemos reconocer las voces de Frank Sinatra, Edith Piaf o Joan Manuel Serrat, o en una de sus arias las de Montserrat Caballé, Alfredo Kraus o María Callas, porque su timbre es inconfundible con las de otros cantantes pop o líricos.

En la orquesta, la flauta, el fagot, el saxofón y la trompa son instrumentos musicales que emiten el sonido por el mismo mecanismo, la vibración del aire insuflado en un tubo. Pero, además de por sus formas tan distintas, se distinguen entre sí y de los demás componentes de la orquesta por su timbre, que nos permite identificarlos si los escuchamos con los ojos cerrados, independientemente de la altura del sonido que produzcan. El capítulo dedicado a los instrumentos ofrecerá ejemplos sonoros de sus timbres.

LOS ARMÓNICOS

Para tratar de explicar el timbre es obligado referirse a un fenómeno acústico llamado *armónicos*.

Cuando presionamos cualquier tecla de un piano, por ejemplo, el segundo *do* a la izquierda del teclado, (*do2*, primer armónico, a 66 Hz) por supuesto percibimos el sonido correspondiente a su frecuencia, que llamaremos fundamental. Pero, al mismo tiempo, la percusión del macillo a sus tres cuerdas emitirá otros sonidos accesorios que sólo un oído entrenado podrá percibir porque sus intensidades son más débiles que las del principal, y que son los que proporcionan al instrumento en cuestión su «color» o timbre. En este caso, además del *do2* sonarán el *do3* (segundo armónico, a 132 Hz), el *sol3* (tercero, a 198 Hz), el *do4* (cuarto, a 264 Hz) y así sucesivamente hasta completar los dieciséis armónicos de la primera serie armónica, que como vemos progresa multiplicando la frecuencia del primero. A partir del quinto, los intervalos dejan de ser consonantes (más adelante veremos esto) y comienzan las disonancias.

Al hablar del timbre hemos utilizado la palabra *color*. Este préstamo semántico de la pintura a la música se justifica porque el compositor utiliza los timbres de los instrumentos de la orquesta como el pintor los colores de su paleta, solos o combinados con otros, para dotar del carácter y la personalidad que desea para su obra.

El arte de combinar los timbres de los diversos instrumentos en una composición es la instrumentación. Si la obra es para gran orquesta, se denomina orquestación, que requiere por parte del compositor un profundo conocimiento de las posibilidades tímbricas de todos los instrumentos. Entre los orquestadores más grandes de la historia hay que destacar a Hector Berlioz, autor de un modélico *Gran Tratado de Instrumentación*; Maurice Ravel, orquestador de los *Cuadros de una exposición* de Modest Mussorgski, y Richard Strauss, autor de sorprendentes hallazgos tímbricos en sus poemas sinfónicos.

En la obertura de su ópera *Der Freischütz* (traducida como *El cazador furtivo*), Carl Maria von Weber introdujo una intervención del clarinete que cautivó a Berlioz. El compositor podía haber confiado aquella melodía igualmente a la flauta, el oboe o el violonchelo, pero escogió el clarinete. ¿Por qué? Sin duda, porque *expresaba* como ningún otro instrumento su idea de aquel memorable pasaje. Expresión que, en este caso, provocará una emocionante impresión en el oyente receptivo a este tipo de música romántica.

GUÍA DE TIMBRES INSTRUMENTALES

Aunque nos adelantemos al capítulo de los instrumentos de la orquesta, la *Guía de orquesta para jóvenes*, op. 34 de Benjamin Britten, es una excelente oportunidad de conocer sus timbres. Compuesta en 1945 por encargo con fines didácticos, la obra parte de un tema de Henry Purcell sobre el que Britten desarrolla una serie de ingeniosas variaciones protagonizadas por los instrumentos más importantes de las cuatro familias (cuerda, madera, viento y percusión) y finaliza con una fuga a la que, a modo de recapitulación, se van incorporando uno tras otro.

En su *Sinfonía Alpina*, Richard Strauss desplegó una amplia paleta de combinaciones tímbricas que expresan la oscuridad de la noche, la salida del sol, la ascensión, la caída de una cascada, la vista desde la cima, la niebla, la tormenta o el ocaso, durante una jornada montañera. Un buen ejemplo de música programática y descriptiva.

Una composición clásica muy adecuada para iniciar a los más pequeños en el mundo de la música, y especialmente en el timbre de los instrumentos, es *Pedro y el lobo, op. 67* de Sergéi Prokofiev. La obra es un cuento musical para niños que un narrador va contando al tiempo que progresa la música. Los personajes de la historia están interpretados por diversos instrumentos: Pedrito, por el cuarteto de cuerdas; su abuelo, por el fagot; el gato, por el clarinete; el pájaro, por la flauta; el pato, por el oboe; el lobo, por tres trompas; y los disparos de los cazadores, por los timbales y el bombo.

Otro buen ejercicio visual de reconocimiento de los instrumentos de la orquesta es el célebre *Boléro* de Maurice Ravel, en el que se van sumando uno tras otro todos los instrumentos a la melodía repetitiva. Véala y escúchela en la versión de Alondra de la Parra dirigiendo a la Orquesta Sinfónica WDR de Colonia.

GUÍA DE ORQUESTA PARA JÓVENES, DE BRITTEN. JUKKA-PEKKA SARASTE DIRIGE A LA ORQUESTA SINFÓNICA DE LA RADIO DE COLONIA.

PEDRO Y EL LOBO, DE PROKÓFIEV. ENSEMBLE ORQUESTRA DE CADAQUÉS DIRIGIDA POR VASILY PETRENKO. NARRADORA: LEONOR WATLING.

PELÍCULA RECOMENDADA: *BOLÉRO,* DE MAURICE RAVEL

A modo de coda de este capítulo, tomemos un teclado que permita tocar con ambas manos. La derecha (pentagrama superior) interpretará la melodía, y la izquierda (pentagrama inferior) el acompañamiento a base de acordes (más adelante veremos qué son esos signos colocados a la izquierda de la indicación del compás). El resultado será escuchar una adaptación para el piano de una cancioncilla infantil de la que nos ocuparemos más adelante, cuyos primeros compases son:

Compases iniciales de la canción *Campanita del lugar*.

Este ejemplo nos ha servido para ver (y quizá, escuchar) que hasta la más sencilla pieza musical está dotada de cuatro de las cinco características fundamentales del sonido: intensidad (p = suave), altura (del *do* más grave al *la* más agudo), ritmo (compás cuaternario, 4/4) y duración (notas blancas y negras y una velocidad o *tempo* a ritmo de paseo o *Andante*). En cuanto al timbre, dependerá del instrumento o instrumentos con los que se interprete la partitura (el piano, en este caso).

LOS PILARES DE LA MÚSICA

A partir del establecimiento de la tonalidad y de la construcción de las estructuras que darán forma a las obras clásicas de todos los géneros y estilos, la música académica se fundamenta sobre dos pilares básicos que conviene tener bien claro para entenderla: la **repetición** y el **contraste**.

Como veremos en el capítulo de la sintaxis, el lenguaje musical, como el hablado, se elabora a base de sílabas, palabras, frases, párrafos y capítulos. E igual que cuando hablamos o escribimos repetimos oraciones que no son sino la expresión verbal de nuestras ideas, el compositor también repite en la misma partitura motivos, frases, períodos o secciones, unas veces con alguna modificación que aporte variedad y riqueza expresiva, pero otras literalmente. Cuando no existía música grabada y, por tanto, sólo se podía escuchar una obra en vivo, repetir el primer tema de la sonata o el aria da capo era la única forma de fijar la música en la memoria del oyente. La **repetición** de un tema musical puede ser literal, fácilmente reconocible o «disfrazada» en forma de **variación**. En el capítulo dedicado a las estructuras musicales veremos las más importantes que utilizan este recurso.

El segundo principio básico, el **contraste**, es fundamental para evitar la monotonía, independientemente de la extensión de la obra musical, sea un preludio pianístico de cuatro minutos o un poema sinfónico de media hora. En música contrastar significa introducir en el discurso diferencias que aporten variedad y riqueza expresivas. Tales diferencias pueden afectar igualmente a una frase, un tema, un movimiento o una sección, y se pueden obtener de diversas maneras:

- Modificando el *tempo*, como en la sucesión rápido-lento-rápido de un concierto para solista y orquesta.
- Cambiando de *modalidad* mayor a menor o viceversa.
- Modulando la *tonalidad*, como la del segundo tema de la sonata respecto al primero.
- Alterando la *dinámic*a (intensidad del sonido) por medio de los matices.
- Transformando el «color» jugando con el *timbre* de los distintos instrumentos.
- Variando el *ritmo*, es decir, la duración de los sonidos.
- Aumentando o reduciendo la *altura* mediante la alteración de los intervalos.

En resumen, en música el contraste se logra modificando las propiedades del sonido que acabamos de explicar y modificando la línea melódica y/o la armonía que explicaremos a continuación.

Las coordenadas
de la música

Hacia 1781, Wolfgang Amadeus Mozart compuso para el piano una obra consistente en doce variaciones sobre un tema en la tonalidad de do mayor, catalogada como K 265/300e. El tema era una canción infantil francesa titulada *Ah vous dirai-je, Maman*, aunque en otros países se conoce con nombres como *Twinkle, twinkle, Little star* en inglés, *Campanita del lugar en castellano, Morgen kommt der Weihnachtsmann* en alemán o *Cada dia al dematí* en catalán[16].

La obra se inicia con una conocida tonadilla que ya conocemos, que todo el mundo puede tararear y que es muy fácil de interpretar en el teclado:

Melodía inicial (simplificada) del tema de las
12 Variaciones sobre «Ah!, vous dirai-je Maman» de W.A. Mozart.

La melodía se mueve en el tiempo hacia adelante (hacia la derecha, en la partitura) siguiendo un trayecto horizontal o, más exactamente, lineal (la línea casi siempre es quebrada).

Fijémonos ahora en la siguiente figura, donde aparecen grupos de tres notas distintas situadas verticalmente, es decir, en acordes:

Tocados en un teclado, estos acordes son como pilares que nada sustentan, pero si se interpretan ambos pentagramas a la vez, la melodía así armonizada se habrá enriquecido con las consonancias agradables al oído que proporcionan estos sencillos acordes.

---

16. La letra original no parece destinada a los niños («¿se puede vivir sin amante?»),
por lo que las versiones populares se cantan con otras más apropiadas para una canción infantil.

VARIACIONES DE W.A. MOZART SOBRE UNA CANCIÓN INFANTIL.

Sobre esta estructura melódica y armónica elemental, el arte incomparable de Mozart construyó todo un edificio musical de doce alturas dotado de la solidez, la perfección y la elegancia que caracterizan toda su obra.

Contemplando una partitura como un sistema de coordenadas, la armonía sería la ordenada vertical, y la melodía, la abscisa horizontal. En los próximos capítulos abordaremos la evolución de la música clásica occidental desde la solitaria melodía original hasta las más complejas armonías. Un fascinante proceso madurativo que duró muchos siglos cuyos frutos siguen cosechándose en nuestros días con la composición de nuevas obras musicales que, desde sintonías comerciales hasta óperas, pasando por bandas sonoras, canciones pop, temas de rock, jazz o los más recientes estilos que no dejan de surgir, están construidos sobre las mismas coordenadas musicales con las que Alessandro Scarlatti compuso sus arias, Frédérik Chopin sus nocturnos y John Lennon sus baladas.

La melodía

EL ALMA MUSICAL

Es posible que nuestros antepasados prehistóricos «inventaran» primero el ritmo por medio de instrumentos de percusión rudimentarios, pero el arte musical nació cuando el ser humano descubrió que podía entonar notas afinadas, es decir, cantar una melodía. El origen de la melodía es por tanto vocal, más tarde pasó a tocarse con instrumentos, y todavía en la actualidad la melodía sigue siendo el alma de música.

En el lenguaje de la calle, «melodía» es hoy una palabra en desuso, sustituida por «tema» en la jerga de la música popular y ligera. Sin embargo, la melodía es a la música lo que la sangre a la vida. Sin melodía, sencillamente, no hay música, aunque en algunas composiciones (lo veremos al hablar del siglo XX) sea difícil reconocerlas y canturrearlas después de haberlas escuchado.

Como trataremos de explicar en este capítulo, al principio fue la melodía y de su unión con otras, durante un proceso que duró siglos, nació la armonía.

Todos sabemos qué es una melodía, aunque quizá pocos serían capaces de proporcionar una buena definición. Hace más de un siglo, Ernst Toch propuso una bastante acertada y completa: «melodía es una sucesión de sonidos de distinta altura, animados por el ritmo». Una frase breve pero que contiene las tres características principales de la melodía.

■ 1. «Una sucesión de sonidos...»

A lo largo de la pieza musical, la melodía avanza a través de los compases de forma lineal de izquierda a derecha y saltando al pentagrama inferior cuando alcanza el final, igual que las líneas del texto que nos va contando la historia en una novela. En lugar de letras que forman sílabas y éstas, palabras, frases y párrafos que transcriben al papel las ideas narrativas del escritor, la melodía está formada por sonidos representados en el papel pautado con notas y silencios que originan motivos, frases y períodos.

Ahora bien, una sucesión de sonidos representados por figuras musicales no basta para denominarla melodía. Imaginemos un clarinete tocando incesantemente la misma nota repetida, un *fa*, por ejemplo, y de la misma duración:

Obviamente, esta sucesión de sonidos no es una melodía.

■ 2. «... de distinta altura...»

Ahora imaginemos al clarinete tocando lo siguiente:

Efectivamente, se trata de sonidos de distinta altura que suben y bajan por el pentagrama como en oleadas de notas. Entonces, ¿esto es una melodía? La respuesta es: sí y no. Pues cumple con los dos primeros requisitos, pero es como un cuerpo mecánico al que le faltara el alma que proporciona el sentimiento.

■ 3. «…animados por el ritmo».

Si aplicáramos a nuestro ejemplo uno de los muchos ritmos posibles, podría resultar lo siguiente:

La indicación de tempo, los puntillos, las corcheas, los silencios, las semicorcheas y la blanca final han obrado el pequeño milagro de «animar» una sucesión de sonidos correcta, pero insulsa e incapaz de provocar emoción. Gracias al ritmo resultante, esto ya sí, es una melodía con todas las de la ley, extraída del movimiento lento del *Concierto para clarinete, K622* de Wolfgang Amadeus Mozart. Esta melodía cumple también con el requisito de transmitir una idea mediante un *tema* (aquí sí) compuesto de dos frases de ocho compases (pregunta-respuesta, o antecedente-consecuente) que proporcionan al oyente una sensación de frase redonda. Y si, además, tras escucharla varias veces puede grabarla en su memoria y tararearla a voluntad, estaremos ante la melodía perfecta. Escuchémosla en todo su esplendor.

ADAGIO DEL *CONCIERTO PARA CLARINETE* DE MOZART. KARL BÖHM DIRIGE A LA FLARMÓNICA DE VIENA.

LA INVENCIÓN MELÓDICA

Para comprender mejor la importancia del ritmo en la confección de la melodía veamos otro ejemplo, que tomaremos prestado de la adaptación para piano del ballet *Cascanueces* de Chaikovski, uno de los mejores y más fecundos melodistas de la música occidental. Chaikovski estaba excepcionalmente dotado para crear melodías que inundan toda su producción en obras de formas tan diversas como la sinfonía, la música de cámara, el poema sinfónico, el piano, la ópera y, destacando por su riqueza melódica, el ballet. Las partituras de *El lago de los cisnes*, *La bella durmiente* y *Cascanueces* rebosan melodías tan sencillas como memorables, y del último hemos escogido una que preside el *Pas de deux* previo al vals que cierra brillantemente la obra.

Para ello, póngase al teclado y toque esto (el *fa* es sostenido):

Fig. X. Escala descendente de sol mayor (sol-fa-mi-re-do-si-la-sol).

Sí, se trata de una escala descendente de sol mayor, de tónica *(sol)* a tónica, que podría considerarse una melodía, pues consiste en una sucesión ordenada de notas. Ahora bien, ¿es una buena melodía? La respuesta es no, pues induce en el oyente la misma emoción que el ejercicio de un aprendiz de pianista.

Ahora, veamos cómo el mago Chaikovski transforma esta inexpresiva escala en una de las melodías más notables de *Cascanueces*:

Fig. X. Tema principal del *Andante maestoso* del *Pas a Deux* del ballet *Cascanueces* de Chaikovski.

Ahora, disfrútela en su plenitud orquestal, tal y como nos la legó el maestro:

ANDANTE MAESTOSO DEL PAS DE DEUX DEL BALLET CASCANUECES DE CHAIKOVSKI.

Para convertir una insulsa escala descendente en una bella melodía, como puede verse en la figura, Chaikovski la modeló en su taller musical alterando el ritmo del siguiente modo: primero redujo a la mitad la duración de la segunda, la tercera, la cuarta, la quinta y la sexta negras de la escala, convirtiéndolas en corcheas, y a la séptima en dos semicorcheas. Luego ligó la cuarta y la quinta corcheas resultantes para fundir sus sonidos en uno solo con la duración de una negra en síncopa y triplicó la duración de la última negra sustituyéndola por una blanca con puntillo. Por supuesto que el oyente no necesita conocer estos detalles técnicos de la composición, pero quizá le ayuden a disfrutar aún más de esta muestra de la invención melódica de este compositor.

LARGAS Y CORTAS

Buscando por la red pueden encontrarse unos cuantos libros que traten de armonía musical. En cambio, dedicados en exclusiva al estudio de la melodía prácticamente solo se encuentra el que escribió hace un siglo el mencionado Ernst Toch, un prolífico compositor de obras hoy olvidadas. En su obra, Toch expone toda una descripción geométrica de la melodía como una línea de diverso trazado: recta horizontal, recta ascendente/descendente, ondulada, quebrada o angulada, dependiendo de las diferentes alturas de las notas que la compongan, aportando numerosos ejemplos de todas ellas, extraídos de la biblioteca musical clásica. Especialmente interesante resulta su observación sobre lo que denomina *cumbre tonal* o nota más aguda de una melodía, que solo debe aparecer una vez y cerca del final, como un clímax melódico seguido de una caída brusca.

En todo caso, las posibilidades técnicas de componer una melodía son infinitas y solo nos detendremos en dos ejemplos de invención melódica de longitudes muy diferentes.

El primero es, a decir de muchos, una de las melodías más bellas y perfectas que se han compuesto, la del Entreacto entre el segundo y el tercero de la ópera *Carmen*, de Georges Bizet.

Melodía del Entreacto del Acto III de la ópera *Carmen*, de Bizet.

La melodía, confiada a la flauta, se extiende a lo largo de 11 compases y 65 notas.

ENTREACTO DEL ACTO SEGUNDO DE *CARMEN*, **DE BIZET. CLAUDIO ABBADO AL FRENTE DE LA ORQUESTA SINFÓNICA DE LONDRES.**

A continuación, escuchemos otra pieza de parecida duración (unos dos minutos y medio), la Introducción al primer acto de la ópera *Eugene Oneguin* de Chaikovski.

INTRODUCCIÓN DE LA ÓPERA *EUGENE ONEGUIN*, DE CHAIKOVSKI. JAMES LEVINE DIRIGE A LA STAATSKAPELLE DRESDEN.

Admire el lector-oyente cómo un sencillo motivo de cuatro notas, que sugieren un lamento o quizás un melancólico suspiro, es la puntada melódica con la que Chaikovski teje una pequeña obra maestra del preludio sinfónico operístico. La célula se repite más de cincuenta veces, con modificaciones de duración, intensidad, altura, timbre y modo, pero conservando un esquema de grupos de cuatro corcheas (el primero de los cuales se inicia en anacrusa, con lo que el fraseo exige una ligadura de expresión entre la cuarta de cada grupo y la primera del siguiente).

Primeros compases de *Eugenio Oneguin*, de Chaikovski.

Dos melodías distintas sonando simultáneamente pueden complementarse y enriquecerse mutuamente, como las que se superponen en el segundo movimiento, *Andante moderato*, de la *Sinfonía nº 2*, «Resurrección» de Gustav Mahler. En la tercera sección del movimiento (a partir del minuto

SEGUNDO MOVIMIENTO DE LA *SINFONÍA Nº 2* DE GUSTAV MAHLER. SIR SIMON RATTLE DIRIGE A LA ORQUESTA FILARMÓNICA DE BERLÍN.

3:06 de la grabación), una hermosa melodía *cantabile* («cantable») a cargo de los violonchelos se superpone a la reaparición de la melodía principal, un *ländler* o danza popular austroalemana en ritmo ternario. El ejercicio de concentrarse en seguir por separado ambas melodías enriquecerá su oído y duplicará el placer de escucharlas.

Finalizamos este capítulo mencionando la melodía armónica, denominación que puede resultar chocante por contradictoria. La armonía no surgió un día como superación de la monofonía sino en íntima relación con la melodía. Los desarrollos contrapuntísticos de melodías independientes que seguían su camino alejándose o acercándose fueron el germen de la armonía cuando los músicos descubrieron las posibilidades que ofrecía simultanear varios sonidos.

Como veremos más adelante, un acorde puede estar escrito en el pentagrama de dos formas distintas: con las notas superpuestas en columna, indicativo de que deben sonar simultáneamente, o desplegadas sucesivamente en lo que se conoce como arpegios. [17]

La melodía armónica se extiende sobre acordes arpegiados o desplegados. Un buen ejemplo de los últimos es el motivo del Rin que inicia el prólogo del Anillo del Nibelungo de Wagner, una melodía ascendente sobre el acorde primigenio de la inmensa Tetralogía, *mi bemol mayor* [18]

Acorde de mi bemol mayor desplegado en el preludio de *El Oro del Rin*, de Richard Wagner.

---

17. El término procede de «arpa» porque este instrumento toca frecuentemente melodías armónicas, aunque también otros como la guitarra o el piano e incluso la orquesta.
18. Este asombroso preludio se extiende sobre una *nota pedal* (mantenida a lo largo de una serie de compases) *mi bemol* durante 136 compases.

ESCALAS

Casi sin darnos cuenta, nos hemos adentrado en el capítulo de las escalas musicales. La composición de Mozart estaba en la de *do mayor*, y la de Chaikovski en *sol mayor*. Veamos qué significa esto y cuántas escalas más existen.

En primer lugar, ¿qué significa escala de *do*, *mi*, *sol* o *la*? Aunque parezca extraño, hemos de remontarnos a un experimento de matemáticas. El filósofo y matemático Pitágoras colocó una cuerda tensada sobre una base de madera, que llamaremos *monocordio*. Supongamos que al tañerla produjera un sonido coincidente con la nota *do*. Si la acortamos a la mitad, sonará el siguiente *do* más agudo, es decir, una octava ascendente; si a dos tercios, el sonido resultante sonará cinco notas más agudo, es decir, un *sol*, y si a tres cuartos, cuatro notas, es decir, un *fa*. De-

PRELUDIO DE
EL ORO DEL RIN
DE WAGNER.

pendiendo del punto de la cuerda que presionemos, el número de sonidos que pueden resultar es casi infinito, de modo que Pitágoras se quedó solo con siete puntos, que denominó con las primeras letras del abecedario: A, B, C, D, E, F y G en alfabeto latino. No nos extenderemos en las antiguas escalas griegas (dórica, frigia, lidia y mixolidia) y nos ocuparemos de las escalas utilizadas por la música occidental desde hace cuatro siglos.

Aún hoy en día las notaciones musicales de los países anglosajones (Alemania, Inglaterra, Norteamérica) se sirven de esas (y otras) letras para nombrar sus notas, que situamos en el pentagrama:

C = *do* / D = *re* / E = *mi* / Es = *mi bemol* / F = *fa* / G = *sol* / A = *la* / B = *si*

En España, Italia o Francia (con la excepción que veremos enseguida), las siete notas de la escala diatónica se llaman:

Son las primeras sílabas de los versos del Himno a san Juan Bautista que el monje benedictino italiano Guido d'Arezzo, uno de los padres de la música occidental, escribió en los primeros años del segundo milenio: **Ut** *queant laxis*, **Re**sonare fibris, **Mi**ra gestorum, **Fa**muli tuorum, **Sol**ve pollute, **La**bii reatum, **S**ancte **I**oannes.

Ut queant laxis

Himno a san Juan Bautista de Guido D'Arezzo (991-1050)

En Francia todavía se conserva el *ut*, pero en el siglo XVIII se propuso sustituirlo por *do* porque era más fácil pronunciarla al solfear, y así se mantiene en la actualidad en países como Italia y España. Como puede apreciarse, la nota si se formó uniendo las iniciales de Sancte Ioannes.

Dentro del sistema de notación alfabética hay alguna diferencia entre los sistemas alemán y británico-americano. La nota *si*, por ejemplo, se escribe H en el primero y B en el segundo, mientras que *si bemol* se expresa con B en el sistema alemán y B-flat en el angloamericano.

FIRMAS MUSICALES

La notación alfabética permitió a algunos compositores jugar con las letras «firmando» sus composiciones, a veces de modo críptico:

- El motivo BACH resulta de la sucesión de las notas B *(si bemol)*-A *(la)*-C *(do)*-H *(si)*. Además de por el propio Juan Sebastian Bach, lo utilizaron compositores de épocas y estilos tan diferentes como Franz Liszt, Max Reger o Arvo Pärt.

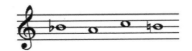

Motivo BACH *(si bemol-la-do-si natural)*

- El compositor ruso Dmitri Shostakovich utilizó el motivo DSCH (re-mi bemol-do-si) en varias sinfonías, conciertos y obras para piano y de cámara, como el cuarteto de cuerda nº8 o la Sinfonía nº 10:

Motivo DSCH *(re-mi bemol-do-si)*

ALLEGRO DE LA *DÉCIMA SINFONÍA* DE SHOSTAKOVICH. VALERY PETRENKO DIRIGE A LA ROYAL LIVERPOOL PHILARMONIC ORCHESTRA.

- Alban Berg utilizó en la «Suite Lírica» el motivo ABHF *(la-si bemol-si natural-fa)* para encriptar la relación que mantenía con su amante Hanna Fuchs-Robettin.

GRADOS DE LA ESCALA

Por la posición que ocupan, las notas de una escala musical están ordenadas por grados:

| I | II | III | IV | V | VI | VII | I |

Grados de la escala en la tonalidad *do mayor*.

A cada grado le corresponde un nombre, a saber:

Grado	Nombre
I	Tónica
II	Supertónica
III	Mediante
IV	Subdominante
V	Dominante
VI	Superdominante
VII	Sensible

ESCALAS DIATÓNICA Y CROMÁTICA

Desde la Grecia antigua y hasta el Barroco no hubo lo que hoy llamaríamos consenso para definir un sistema de afinación de los instrumentos musicales, voz humana incluida. La escala pitagórica hacía progresar la escala en quintas perfectas y doce intervalos matemáticamente calculados, lo cual, a pesar de su exactitud, daba lugar a una leve diferencia de afinación entre doce quintas y siete octavas (la *coma pitagórica*).

Fue en el siglo XVIII cuando se impuso el llamado *sistema temperado*, que dividió la escala de siete notas en doce semitonos y se desecharon todos los demás posibles por considerarlos disonantes. La escala resultante se denomina cromática y, como veremos pronto, sobre ella compuso Johann Sebastian Bach los dos libros de 12 preludios y 12 fugas en las veinticuatro tonalidades posibles, mayores y menores, que conocemos como *El clave bien temperado*.

Ahora bien, si echamos un vistazo al teclado del piano vemos que cada octava consta de siete teclas blancas que corresponden a las notas naturales (no alteradas) *do*, *re*, *mi*, *fa*, *sol*, *la* y *si*. Es la escala diatónica.

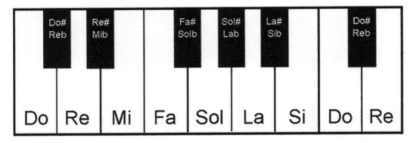

Teclado con los nombres de las doce notas de la escala cromática entre *do* y *si*.
Los dos nombres en las teclas negras son las notas enarmónicas (suenan igual).

Entonces, ¿cómo dividir los siete intervalos que existen entre un *do* y el siguiente en los doce de la escala temperada? La respuesta está en las teclas negras, que se sitúan en parejas o en tríos. En la escala de *do mayor*, entre *do* y *re*, *re* y *mi*, *fa* y *sol*, *sol* y *la* y *la* y *si* hay un tono (T) entero, mientras que entre *mi* y *fa* y *si* y *do* hay un semitono (St).

Para que todos los intervalos fuesen iguales, se introdujeron cinco teclas negras entre las blancas, de manera que entre cualquier nota y sus vecinas hubiese la misma altura de intervalo, un semitono. Así, la fórmula de las teclas blancas en la tonalidad de *do mayor* es: T-T-St-T-T-T-St (más adelante veremos otras fórmulas interválicas).

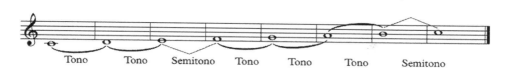

Intervalos de la tonalidad *do mayor*.

La razón por la que entre *mi* y *fa* y *si* y *do* no hay teclas negras reside, una vez más, en la física. Si *la* vibra a 440 ciclos por segundo, *si* a 500 y *do* a 530, la diferencia entre las dos primeras es de 60 Hz y entre las dos últimas de 30. Por tanto, entre *la* y *si* hubo que introducir una tecla intermedia, que no es necesaria entre *si* y *do*, o *mi* y *fa*.

Ahora bien, ¿qué nombre le daremos a la tecla negra situada, por ejemplo, entre *do* y *re*?

La respuesta está en las *alteraciones* de las notas llamadas bemol (♭) y sostenido (♯):

- La nota situada un semitono por encima de *do* (la tecla negra derecha de la pareja) es *do sostenido*, pero…
- La nota situada un semitono por debajo de re (la misma tecla negra) es *re bemol*.

Por tanto, do sostenido y re bemol son la misma nota productora de *mi* y por ello se denominan *enarmónicas*. Lo mismo sucede con *re sostenido/mi bemol*, *fa sostenido/sol bemol*, *sol sostenido/la bemol* y *la sostenido/si bemol*. En cambio, como entre *mi* y *fa* y entre *si* y *do* los intervalos son de semitono, no se utilizan los nombres de *mi sostenido/fa bemol* ni *si sostenido/do bemol*.

ESCALAS MAYORES Y MENORES

Aunque lo trataremos en el capítulo de la Modalidad, cabe adelantar aquí que una escala es mayor cuando el intervalo entre los grados I y III es de dos tonos (o tercera mayor) y menor cuando este intervalo es de un tono y un semitono (o tercera menor). Se puede construir una escala mayor o menor partiendo de cualquier nota (tónica) siempre que se respeten las distancias interválicas entre todas ellas siguiendo las fórmulas que veremos en su momento.

ESCALAS RELATIVAS

Cada escala mayor comparte su armadura con otra menor, llamada relativa menor, cuya primera nota es la superdominante (sexta de la escala) de la mayor. Dicho de otro modo, el primer grado de la relativa menor está a un intervalo de tercera menor descendente del de la mayor. Por ejemplo, la nota *la*, superdominante de *do mayor*, es la tónica de su relativa menor, *la menor*, o sea que *la* está a una tercera menor (un tono y un semitono) de *do*.

ESCALAS ESPECIALES

Además de las escalas de siete (diatónica) y doce notas (cromática) existen otras escalas, de las que solo citaremos dos: la de tonos enteros y la pentatónica.

En la *escala hexatónica* o de tonos enteros, como su nombre indica, todos los intervalos son de un tono (fórmula interválica: T-T-T-T-T):

Escala de tonos enteros.

Su empleo se relaciona con el estilo musical conocido como Impresionismo. Su máximo exponente, el compositor francés Claude Debussy, la utilizó en obras como el preludio para piano La *cathédrale engloutie* («La catedral sumergida»).

Existen varias *escalas pentatónicas* o de cinco tonos, aunque la más conocida es la mayor, cuya fórmula interválica es: T-T-(T+St)-T-(T+St). Se comprende mucho mejor tocando las cinco teclas negras del teclado.

Escala pentatónica.

Es la escala básica de algunas tradiciones musicales distintas de las occidentales, la más conocidas de las cuales son la china y la japonesa, aunque ha sido utilizada por compositores clásicos, como Maurice Ravel en su obra para piano a cuatro manos *Ma Mère l'Oye* (posteriormente orquestada por el compositor).

LAIDERONNETTE, IMPÉRATRICE DES PAGODES, DE *MA MÈRE L'OYE* DE MAURICE RAVEL. HÉLÈNE MERCIER Y LOUIS LORTIE, PIANO A CUATRO MANOS.

Finalmente, citemos que tanto en la cultura musical occidental como en otras del mundo, existen *escalas macrotonales*, con menos de doce tonos por escala, y *escalas microtonales*, con más de doce, que pueden llegar hasta 96, las cuales requieren nuevos instrumentos para su ejecución.

La armonía

DE LA MONODIA A LA TRÍADA

El ejemplo tomado del *Pas a Deux* del ballet *Cascanueces* de Chaikovski nos ha mostrado con claridad que sin ritmo no hay melodía. La melodía dotada de ritmo fue la única forma de expresión musical durante mucho tiempo, hasta que hacia el siglo IX surgió y comenzó a desarrollarse la coordenada vertical de la música: la armonía, cuya esencia es la simultaneidad de varios sonidos formando *acordes*.

En el capítulo dedicado al timbre ya nos ocupamos de los armónicos. Recordemos que, al pulsar una tecla del piano, un cerebro entrenado puede percibir al mismo tiempo los sonidos de su octava superior, de la quinta superior a esta, de la siguiente octava y de su tercera. Dado que, como sabemos, se trata de distintas vibraciones del aire, puede afirmarse que la armonía está presente en la naturaleza.

Pitágoras creía que los planetas del sistema solar eran como notas musicales y que las distancias entre ellos y el sol cubrían intervalos matemáticos generadores de música celestial («la armonía de las esferas»). Veinticinco siglos después, astrofísicos de la NASA han logrado convertir en sonidos datos procedentes de las masas gaseosas que rodean las explosiones periódicas de los agujeros negros. Las inconmensurables ondas sonoras resultantes, de miles de años luz de amplitud y millones de años de longitud, producirían el infrasonido más grave imaginable, pero afinado en si bemol[19].

A continuación, echaremos un rápido vistazo sobre los diez siglos que transcurrieron en la historia de la llamada *textura musical*, desde la monodia gregoriana hasta la introducción de la tercera en el intervalo de quinta justa que permitió la consolidación de la tríada.

19. Es decir, a tres tonos y medio descendentes del mi bemol escogido por Wagner como sonido primigenio de la Naturaleza en el preludio de *El oro del Rin*.

ACORDES

El acorde de tres notas o *tríada* es la base fundamental de la armonía en la música clásica occidental. Consiste en la coincidencia en el tiempo de varias notas musicales. Aunque en teoría el sonido simultáneo de solo dos notas musicales puede considerarse un acorde, su ambigüedad tonal hace necesaria la participación de una tercera para definirlo armónicamente con claridad. Se entenderá fácilmente pulsando a la vez *do* y *sol* en el teclado (si lo hace en un dispositivo electrónico, puede que su aplicación permita pulsar directamente los acordes, pero será más instructivo que los trabaje). Ahora reprodúzcalo varias veces pulsando al mismo tiempo alternativamente *mi natural* (nota blanca) y *mi bemol* (la nota negra a su izquierda). Así podrá apreciar la notable diferencia armónica entre los acordes de *do mayor* y *do menor* resultantes, ya que *mi*, tercer grado de esta escala, define la modalidad como veremos más adelante.

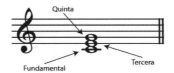

Acorde de *do mayor*. Tríada formada por las notas *do* (fundamental), *mi* (tercera) y *sol* (quinta).

La figura muestra cómo el acorde se construye simultaneando los sonidos de cualquier nota (*do*, en este ejemplo) con los de su tercera *(mi)* y su quinta *(sol)*.

- Si, como en este ejemplo, la tercera es mayor y la quinta justa, la tríada será mayor. Sólo sobre los grados I (como en el ejemplo), IV y V de la escala pueden formarse triadas mayores.
- Si la tercera es menor y la quinta justa, obtendremos una tríada menor, que se forman sobre los grados II, III y VI de la escala.
- Si la tercera es menor y la quinta disminuida resultará una tríada disminuida, lo que solo sucede sobre el grado VII.
- Si la tercera es mayor y la quinta aumentada, la tríada será aumentada.

INVERSIÓN DE ACORDES

Un acorde puede encontrarse en *estado fundamental* si esa nota es la más grave (la más baja en el pentagrama), en primera inversión si es la tercera y en *segunda inversión* si es la quinta (en el ejemplo siguiente, *do*, *mi* y *sol*, respectivamente). Si los reproduce en su teclado verá que suenan «igual pero diferente».

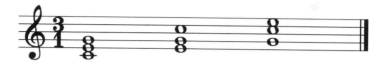

Tríada de do mayor en estados fundamental (do-mi-sol), primera inversión (mi-sol-do) y segunda inversión (sol-do-mi).

El progreso en intervalos de tercera puede continuar más allá de la tríada, formando de este modo una cuatríada (añadiendo un intervalo de séptima, en este ejemplo el si) una quintíada (do-mi-sol-si-re), sextíada, etc. De todos ellas, la cuatríada que forma el acorde de séptima merece una atención especial por su frecuente uso para enriquecer el sonido de una tríada. Existen cuatro variantes principales:

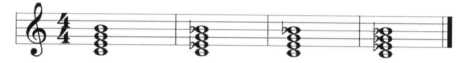

Acordes de séptima en la tonalidad de *do*.
De izquierda a derecha: mayor, menor, dominante y disminuida.

Mención especial merece el acorde de séptima de dominante, cuya disonancia origina gran tensión tonal, pues se forma sobre el V grado como nota fundamental y contiene los grados IV y VII, que tienden con fuerza a resolverse en el III y el I:

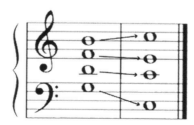

Acorde de séptima de dominante en do mayor (izquierda: *sol-re-fa-si*)
y su resolución en la tónica (derecha: *do-do-mi-do*).

Se entiende por consonancia el efecto agradable y relajante al oído producido por un acorde, y disonancia el que origina tensión y desasosiego. Los intervalos consonantes son la octava, la tercera, la cuarta, la quinta justa y la sexta, y los disonantes la segunda y la séptima (compruébelo en el teclado). Sin embargo, el acorde de séptima de dominante es un ejemplo de disonancia agradable al oído, aunque la tensión que al mismo tiempo produce ha de resolverse en la consonancia que proporciona el paso de la séptima nota a la tónica inmediata.

Esto puede parecer complicado de comprender, pero tocar estos acordes en el teclado es un modo fácil de apreciar las distintas posibilidades armónicas que ofrecen las alteraciones de las notas de uno solo de los muchos acordes que se pueden formar.

Hemos mencionado que un acorde puede estar integrado por más de tres notas. El «acorde místico» utilizado por Alexandr Scriabin, por ejemplo, consta de seis *(do, fa sostenido, si bemol, mi, la y re)*.

Fig. X. «Acorde místico» de Scriabin.

■ Textura musical

Aplicado a la música, *textura* es un término tomado prestado de la confección, pues la textura es la disposición de los hilos de una tela, que en el telar corren unas veces paralelos y otras entrecruzándose hasta formar una trama resistente. La analogía musical consiste en considerar del mismo modo las distintas voces que avanzan a una distancia (intervalo) determinado hasta que se separan, se acercan o se cruzan.

Las claves fundamentales de la apasionante historia de la textura de la música occidental fueron tres pasos importantes: el de la música sacra a la profana o civil, el de la música vocal a la instrumental y el de la voz única (monodia) a varias voces (polifonía). Los tres fueron de la mano y tardaron siglos en darse.

No es que al principio solo existiera la música religiosa y que la profana apareciera después, como en dos fases históricas consecutivas. Siempre hubo música profana.

Durante la Alta Edad Media (siglos V a XI), al tiempo que el canto llano se entonaba en monasterios, iglesias y abadías, también se tocaba y cantaba en festejos populares públicos y privados. Primero los goliardos (clérigos de «vida irregular»), después los juglares y más tarde los trovadores, además de intérpretes de música no religiosa, fueron sus creadores, originando una figura fundamental en la historia de la música: el compositor.

Pero los primitivos cantautores no disponían de un método de notación musical y las letras se transmitían oralmente, por lo que no disponemos de ningún documento que nos permita conocer cómo era aquella música. La música religiosa de aquella época anterior a la notación musical, en cambio, ha llegado hasta nuestros días por la pervivencia del canto gregoriano en monasterios como la abadía benedictina de Santo Domingo de Silos (Burgos), cuyos monjes todavía hoy cantan en gregoriano sus oficios litúrgicos, algunos de ellos abiertos al público[20].

Claustro de la Abadía de Santo Domingo de Silos,
cuyos monjes continúan la tradición del canto gregoriano.

CANTO GREGORIANO.
CORO DE MONJES DEL
MONASTERIO DE SILOS.

---

20. Misa de 9:00 h los días laborables y de 11:00 h los festivos. Información en www.santodomingodesilos.es.

Durante los siglos oscuros de la Alta Edad Media, la Iglesia católica se sirvió de la música como vehículo imprescindible de los textos sagrados empleados en la liturgia. Heredera de los cantos de las tradiciones musicales judía y grecorromana, que se expresaban mediante la cantilación y la salmodia, la música eclesiástica fue incorporando otras como la mozárabe, la galicana, la celta o la ambrosiana. Gregorio I, 64° papa, canonizado como san Gregorio Magno (540-604), reorganizó la liturgia católica romana, lo que afectó al canto que hoy conocemos como gregoriano.

Hasta el siglo IX Roma prohibió tanto el canto a varias voces como el acompañamiento con los instrumentos musicales utilizados en las fiestas paganas[21]. La razón era preservar al máximo la claridad del texto con el que se adoctrinaba al pueblo analfabeto:

> *«Los que tienen el oficio de salmodiar en la Iglesia no se fijen tanto en tomar medicinas dulces para la voz, sino en cantar a Dios con temor, con obras y con conocimiento de las Escrituras.»*
>
> *San Jerónimo (340-420), Padre de la Iglesia.*

El canto gregoriano es monofónico o monódico y se canta en latín y *a cappella* («como en la capilla», es decir, sin acompañamiento instrumental). No significa que lo entona una sola voz, sino que todas las voces del coro cantan el mismo texto al unísono. Sin los actuales sistemas de amplificación del sonido, el coro era la mejor manera de subir el volumen con el fin de que el texto litúrgico llegara más lejos y se escuchara mejor.

MONOFONÍA

Palabra derivada de las griegas *mono* (uno) y *phonos* (sonido), describe la textura musical más simple, la melodía única, bien cantada por una sola voz (monodia), o por varias al unísono, bien interpretada por un instrumento melódico como, por ejemplo, la flauta. Al igual que Monsieur Jordain[22] cuando hablaba en prosa sin saberlo, cuando cantamos o silbamos

---

21. En esto coincidió con el filósofo Platón, aunque por motivos éticos: lo importante de la melodía era inculcar a los jóvenes los principios morales mediante un texto claro.
22. Personaje protagonista de la comedia *El burgués gentilhombre*, de Molière.

bajo la ducha estamos emitiendo una melodía monofónica, como la bien conocida que muestra la siguiente figura, aunque su partitura le resulte tan complicada:

Melodía de *Singin' in the Rain* («Cantando bajo la lluvia»), de Arthur Freed.

El canto monódico gregoriano es el mejor y mayor ejemplo de monofonía.

Hasta el siglo IX no se comenzó a superponer otra línea melódica a la única permitida. Esta naciente polifonía consistía en repetir la misma melodía a una distancia de cuartas o quintas (en la tonalidad do mayor, por ejemplo, significa hacer sonar al unísono las notas *do* y *fa* y *do* y *sol*, respectivamente), que progresaban paralelamente a lo largo de la obra. Los intervalos de tercera (do-mi) y sexta (do-la) no estaban permitidos en aquella polifonía primitiva que se denominó *organum*. En realidad, por tanto, se trataba de duplicar la melodía a diferente altura. Más tarde se descubrió el *discanto*, que consiste igualmente en dos voces que cantan a la vez, pero no moviéndose en paralelo sino en sentido contrario, alejándose y acercándose.

POLIFONÍA

La revolución musical que condujo al establecimiento de la armonía fue la polifonía, que se desarrolló entre los siglos XI y XVI. A la duplicación de una voz siguió la incorporación de una tercera, y una cuarta, y así la textura musical se fue enriqueciendo (y complicando) hasta las siete u ocho voces progresando a la vez, pero siguiendo derroteros distintos, con la consiguiente dificultad del oyente para seguirlas y, en definitiva, para entender el texto.

La polifonía nació de la mano de un hito tan trascendental en la historia de la Música como fue la invención de la imprenta para la Literatura: la notación musical. Ocurrió en torno al cambio de milenio y en el proceso desempeñó un papel importante el ya mencionado Guido d'Arezzo, a quien se atribuye la invención del tetragrama (cuatro líneas) sobre el que escribir las figuras fijando su altura y su duración.

Tetragrama de Guido d'Arezzo con el famoso *Himno a san Juan Bautista*.

El tetragrama permitió la reproducción exacta de la música vocal por cualquier ejecutante, sin dependencia de la transmisión oral. Aunque el canto llano sigue utilizándolo hoy día, la adición de una quinta línea daría origen al pentagrama actual.

Como se aprecia en la figura, las primitivas notas musicales eran cuadrados negros, llamados *punctus* (punto) en latín. La oposición de notas de diferente altura en la textura polifónica dio origen al término *contrapunto (punctus contra punctum)* como se conoce la técnica de la creación de obras polifónicas.

El contrapunto consiste en simultanear varias melodías independientes que discurren paralelas por la composición, pero observando las reglas consonantes de la armonía entre ellas. Inevitablemente, al coincidir verticalmente varios sonidos de diferente altura, aunque a intervalos «permitidos» (recordemos: unísono, cuarta, quinta y octava), se producirá espontáneamente un acorde, aunque esta no era la finalidad de la obra polifónica.

La polifonía se impuso en el Renacimiento (siglos XV-XVI) con obras tanto sacras como profanas como las que compuso el flamenco Orlando di Lasso: misas, motetes, madrigales y *chansons*, de las que proponemos escuchar una selección.

ESCUCHANDO VOCES

En el libro *Cómo escuchar la música* del compositor Aaron Copland, un texto clásico para la comprensión de la música clásica, el autor recomienda al lector un ejercicio de seguimiento de las tres voces del preludio coral *Ich ruf zu dir, Herr Jesu Christ, BWV 177* de J.S. Bach, con las siguientes indicaciones:

> El lector deberá escuchar cuatro veces esta breve pieza, oyendo la parte que siempre es más fácil de oír: la parte superior o soprano. Ahora vuelva a escuchar, pero esta vez la parte del bajo, que se mueve con aplomo, a base de notas repetidas. Luego escuche la parte del contralto o voz intermedia. Esta voz es una especie de melodía figurada y se distingue de las demás por su movimiento (más rápido) a base de semicorcheas. Ahora oiga las tres voces juntas, pero manteniéndolas separadas mentalmente: el soprano con su melodía sostenida, el contralto con la melodía interior más suelta, y el bajo con su línea llena de aplomo. Se puede hacer un experimento suplementario consistente en oír dos voces cada vez: soprano y bajo, contralto y soprano, bajo y contralto, antes de oír las tres voces juntas.

En su obra, publicada en 1939, Copland recomendaba escuchar esta música en la versión orquestal de Leopold Stokowski para la casa RCA Victor, «disponible sólo en discos de 78 rpm.». Como homenaje a ambos maestros, ofrecemos la posibilidad de apreciar la textura polifónica de este famoso preludio coral en dos versiones, la recomendada de Stokowski y la pianística de Alfred Brendel.

Las tres voces del preludio coral *Ich ruf zu dir, Herr Jesu Christ*, de J.S. Bach.

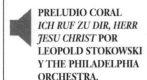

PRELUDIO CORAL *ICH RUF ZU DIR, HERR JESU CHRIST* POR LEOPOLD STOKOWSKI Y THE PHILADELPHIA ORCHESTRA.

PRELUDIO CORAL *ICH RUF ZU DIR, HERR JESU CHRIST*. ALFRED BRENDEL, PIANO.

HOMOFONÍA

Como paso intermedio entre la monofonía y la polifonía, la homofonía supuso un avance en el camino hacia la música tal como la conocemos hoy. Consiste en apoyar una melodía única sobre una serie de acordes a base de terceras sobre la nota fundamental, o *monodia acompañada*, lo que permite al oyente entender mejor las palabras cantadas por una voz o por varias al unísono. En el siglo XVII ya no se trataba de hacer llegar al oyente un texto litúrgico, sino el libreto de la naciente ópera, que liberó a la música del rígido corsé contrapuntístico y de la supremacía vocal ante el imparable desarrollo de la música instrumental. Y que, como casi todo en el arte musical, nació en Italia. Como ejemplo, escuche el hermoso madrigal para voz y acompañamiento *Amarilli mia bella*, del compositor y cantante Guilio Caccini.

AMARILLI MIA BELLA, DE CACCINI. CECILIA BARTOLI, SOPRANO.

Hasta mediados del siglo XIX, sobre todo en la época belcantista, las óperas consistieron básicamente en arias para el lucimiento vocal de los cantantes con acompañamiento de la orquesta.

El planteamiento musical de la homofonía, una melodía sustentada por acordes básicos (sobre los grados I, IV y V de la escala) sigue plenamente en vigor en la actual música pop y ligera, como se aprecia en el siguiente ejemplo.

Primeros compases de «*Hey Jude*», de The Beatles.

ARIA *COM'É GENTIL* DE LA ÓPERA *DON PASQUALE* DE DONIZETTI, POR EL TENOR JUAN DIEGO FLÓREZ.

«*HEY JUDE*», DE THE BEATLES.

■ Tonalidad

A lo largo de los capítulos hemos visto varios ejemplos de partituras y grabaciones de obras en *do mayor, la menor, mi bemol mayor, fa sostenido menor*… ¿Qué significa todo esto? Para explicarlo, debemos meternos de lleno en la *tonalidad*, que es el sistema de organización musical regulador de las relaciones entre las notas que ha regido en la música occidental durante los últimos cinco siglos, basado en el principio de la consonancia.

Básicamente, que la *Sinfonía nº 40* de Mozart esté en la tonalidad de *sol menor*, el *Concierto para piano nº 2* de Brahms en *si bemol mayor* o el *Cuarteto de cuerda nº 8* de Shostakóvich en *do menor* significa que sus respectivas tónicas son *sol, si bemol* y *do*, y a partir de estas se extiende cada escala correspondiente, mayor o menor según el intervalo entre los grados II (supertónica) y III (mediante), como ya sabemos, sea de un tono o un semitono, respectivamente. Trataremos de explicarlo.

En primer lugar recordaremos los siete grados de la escala diatónica y sus nombres (tomando como ejemplo la de *do mayor)*:

Grados de la escala de *do mayor* (do-re-mi-fa-sol-la-si).

Los grados I, IV y V se denominan tonales o consonantes y los grados II, VI y VII modales o disonantes.

En el sistema tonal existe una jerarquía entre los grados de la escala donde, por expresarlo de un modo coloquial, la tónica es la que manda, y manifiesta su dominio en la pieza musical siendo habitualmente la primera y la última en sonar. Podemos comprobarlo en la sencilla melodía en do mayor que muestra el siguiente pentagrama. Tóquela varias veces hasta que sea capaz de tararearla.

Melodía en la tonalidad de *do mayor*.

UNA ATRACCIÓN IRRESISTIBLE

Explicándolo como un cuento, la melodía sale de casa para dar un breve paseo y cuatro compases después regresa su «zona de confort», que es el primer grado de la escala.

Ahora interprete la misma melodía, con un pequeño pero sustancial cambio en el último compás:

Es como si la melodía hubiese equivocado el camino de vuelta, y se detuviera, en este caso en el lugar ocupado por la supertónica. Ello crea una tensión que solo se resolverá si la melodía rectifica y «vuelve a casa», es decir, a la posición de la tónica. Ahora juegue sustituyendo esta nota blanca final por el *si*, el *mi* o el *sol*. La sensación de inestabilidad tonal continuará, aunque quizá será máxima si la melodía se detiene en el grado sensible, la nota si, y no cesará hasta que regrese al *do*, como exige la educación que ha recibido nuestro oído musical. La tónica, por tanto, se comporta como el imán o el centro gravitatorio que, para tranquilidad de nuestro oído (y en definitiva, nuestro cerebro), atrae a las demás.

Ahora bien, como ya sabemos, la escala cromática consta de doce notas: do, do sostenido, re, re sostenido, mi, fa, fa sostenido, sol sostenido, la, la sostenido, si y do.

ESCALA CROMÁTICA O DODECAFÓNICA.

Utilizando como tónica cada una de las doce, se pueden construir 24 escalas y tonalidades, doce mayores y doce menores. Sobre todas ellas Johann Sebastian Bach compuso 24 preludios y 24 fugas, comenzando por la de do mayor y terminando por la de si menor, el famoso clave bien temperado. Con esta obra, como ya hemos mencionado, Bach resolvió para siempre la cuestión de las diferencias interválicas que entonces existían dividiendo la octava en doce semitonos iguales. Este hito fundamental de la música occidental se publicó en dos libros tras la muerte del genio. Pueden escucharla en esta interpretación del pianista Sviatoslav Richter.

EL CLAVE BIEN TEMPERADO DE J. S. BACH. SVIATOSLAV RICHTER, PIANO.

ARMADURAS

En la partitura de las variaciones *Ah! vous dirai-je maman* de Mozart no hay ningún signo entre la clave (de sol) y el quebrado del ritmo (4/4). La razón es que su tonalidad, do mayor, no precisa ninguna alteración en sus notas. En cambio, la del «Pas a deux» de *Cascanueces* de Chaikovski contiene un signo de sostenido sobre la quinta línea, donde se escribe la nota *fa*, ya que la tonalidad es *sol mayor*, en la cual para cumplir con la fórmula interválica mayor es preciso aumentar *fa* en medio tono. Ese signo se llama armadura, que es el número de alteraciones (sostenidos o bemoles) de una partitura, distinto para cada tonalidad. Existen 28 armaduras, aunque en la práctica se utilizan la mitad:

Armaduras de las siete tonalidades mayores y menores. *do mayor* y su relativa menor, *la menor*, no aparecen porque carecen de armadura.

La razón de ser de la armadura es práctica. Si tomamos como ejemplo la tonalidad con más bemoles (siete), *la bemol menor*, para no tener que señalar la alteración del bemol cada vez que se escribe una de las siete notas alteradas, se indica al principio del pentagrama con validez para todos los compases, con lo cual el intérprete sabe que, mientras no se indique lo contrario, debe interpretarlas siempre medio tono más bajo. Y lo contrario consiste en anular la alteración mediante el becuadro (o intensificarla con un doble bemol).

Como se aprecia, comparten la misma armadura dos tonalidades, una mayor y otra menor, llamada relativa principal, cuya tónica se encuentra tono y medio por debajo de la mayor, es decir, a una distancia de tercera menor. El truco para saber de un rápido vistazo si una partitura está, por ejemplo, en *fa sostenido mayor* o en su relativa, *re sostenido menor*, consiste en fijarse en la nota más grave del último compás, es decir, la que después de una larga caminata ha vuelto a casa: si es *fa* será la tonalidad mayor, y si es *re*, la menor.

El orden en el que se van añadiendo los sostenidos a la armadura es *fa-do-sol-re-la-mi-si*, y el inverso los bemoles: *si-mi-la-re-sol-do-fa*. Es decir, que los sostenidos progresan en quintas justas ascendentes y los bemoles en cuartas descendentes.

La representación gráfica de estas progresiones se denomina círculo de quintas.

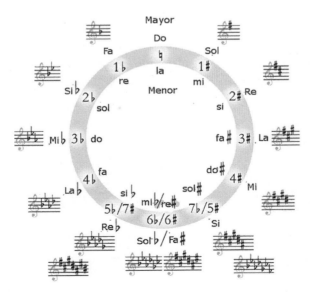

Círculo de quintas. Por fuera del círculo se sitúan las escalas mayores y por dentro sus relativas menores.

El círculo es una especie de reloj en torno al cual se sitúan las tónicas de las 24 tonalidades, cada mayor junto a su relativa menor. A partir del *do* central superior, siguiendo el sentido horario avanzan las tonalidades con sostenidos, y en antihorario las tonalidades con bemoles. No solo es un método visual de estudio y memorización de las secuencias tonales, sino una herramienta útil para componer música, ya que facilitan la construcción y progresión de los acordes.

MODULACIÓN

Que una sonata, un concierto o una sinfonía estén en determinada tonalidad no significa que ésta deba permanecer invariable durante toda la composición. Por el contrario, en las obras compuestas bajo el sistema tonal se produce sistemáticamente lo que se denomina *modulación*, que es el cambio de una tonalidad a otra.

Tomemos como ejemplo la *Sinfonía nº 8 en si menor, «Inacabada»*[23], de Franz Schubert.

Siguiendo el esquema formal de la forma sonata, que veremos enseguida, el primer tema del *Allegro moderato* inicial está en la tonalidad fundamental, *si menor*, que modula a *sol mayor* en el segundo; en el desarrollo modula a *mi menor* y en la reexposición, antes de «regresar a casa» (si menor) pasa por *re mayor* y *si mayor*. El segundo y último movimiento, *Andante con moto*, comienza en *mi mayor*, luego modula a *do sostenido*, primero menor y después mayor, más tarde a *re bemol mayor* y finaliza en un sereno *la menor*, otra prueba de que Schubert no concibió una obra en dos movimientos, ya que en este caso la última tonalidad sería *si*.

Como ejemplo de modulación, escuchemos la mencionada de *si menor* a *sol mayor* del primer movimiento:

ALLEGRO MODERATO DE LA SINFONÍA Nº 8 DE SCHUBERT. HERBERT VON KARAJAN DIRIGE A LA ORQUESTA FILARMÓNICA DE BERLÍN.

---

23. O «Incompleta». Ver el capítulo dedicado a esta sinfonía en el libro *Músicas con Historia*, (N. del A.)

Primer tema, en si menor (minuto 0:25´´).

Segundo tema, en sol mayor (minuto 1:20´´).

Como veremos al estudiar la forma sonata, el «viaje» de la música de un movimiento por varias tonalidades distintas de la fundamental es la herramienta contrastante de la que dispone el compositor para enriquecer, variar y «colorear» la armonía de su música, que resultaría monótona (monocolor) si permaneciera siempre en la misma tonalidad. Los cambios súbitos de tonalidad y modalidad (tan característicos de la música de Schubert) sorprenden al oyente provocándole distintas sensaciones y sentimientos. La modulación es como el guía de un viaje emocional a través de una obra musical cuyo punto final, positivo o triste, dependerá de la modalidad del acorde final.

PROGRESIÓN DE ACORDES

La modulación de una tonalidad a otra será más «natural» y aceptable para el oído si la tónica de la que va a modular está bien relacionada interválicamente con determinados grados de la siguiente.

La tónica de *do mayor*, *do*, es la dominante (V grado) de *fa mayor* y la subdominante (IV grado) de *sol mayor*, que como sabemos son los grados consonantes de toda escala. Por tanto, la modulación de *do mayor* a cualquiera de estas otras dos tonalidades, calificadas de próximas, resultará más agradable y conforme con lo que nuestro oído espera escuchar.

Progresión de acordes: tónica-subdominante-tónica-dominante-tónica.

Como se aprecia en la figura (pero mejor en el teclado), los acordes de dominante (V) y subdominante (IV) parten del de tónica para regresar a él como «zona de confort armónico» de la pieza. Infinidad de composiciones musicales de todas las épocas, incluida la actual, se han construido con estos tres acordes básicos. Sobre los grados II del segundo compás (corchea de *re*) y VII del tercero (negra de *si*) recae el mayor poder de atracción tonal del grado, I la tónica *(do)*.

El paso del acorde de dominante al de tónica es una de las cadencias más utilizadas por todos los compositores. Uno de los significados musicales del término *cadencia* (hay otros, que veremos más adelante) es la progresión de acordes con la que finaliza una frase, un período o un movimiento. Hay varias, pero las más utilizadas son las dos llamadas conclusivas porque finalizan en la tónica: la cadencia perfecta o auténtica (del grado V al I) y la plagal o eclesiástica (del grado IV al I), más débil, conocida como «cadencia del Amén» por su empleo en la liturgia protestante. Tóquelas para escuchar la diferencia.

Cadencias plagal (izda.) y perfecta (dcha.)

Escuchemos un ejemplo de la contundente conclusión de una pieza musical mediante una cadencia perfecta[24], concretamente la del poema sinfónico Vltava («El Moldava») del compositor checo Bedřich Smetana (son los dos últimos acordes, pero vale la pena escuchar la obra completa).

EL MOLDAVA (VLTAVA), DE BEDRICH SMETANA. KARAJAN AL FRENTE DE LA FILARMÓNICA DE BERLÍN.

MODALIDAD

En varias ocasiones nos hemos referido a la tonalidad de do mayor. ¿Qué quiere decir esto? Vale la pena insistir en dos conceptos fundamentales:

- Tonalidad de *do*: significa que el grado I de la escala o nota tónica es *do*. Como pueden construirse escalas sobre las doce notas, existe el mismo número de tonalidades: en *re*, en *mi*, en *fa*, etc.

---

24. Mi profesora de Armonía, la pianista y compositora riojana María Dolores Malumbres, contaba que su maestro Carmelo Bernaola llamaba a la cadencia dominante-tónica «el cerrojazo» (N. del A.).

- Mayor: significa que entre los grados I y III (*do* y *mi* naturales, en este caso) hay un intervalo de dos tonos. Si la distancia interválica entre estos grados fuese de un tono y un semitono, el III *(mi)* debe alterarse bajando un semitono, pasando a denominarse *mi bemol* (tecla negra derecha de la pareja).

Esa diferencia de altura en el intervalo entre los grados I y III es de suma trascendencia, pues define la modalidad de cada tonalidad, mayor (dos tonos) o menor (tono y medio).

Ahora tome su teclado, pues vamos a realizar un sencillo ejercicio práctivo cuyo sonido le resultará más útil que mil palabras para comprender la modalidad.

1. Pulse simultáneamente las teclas *do*, *mi* y *sol*. Ha tocado la tríada fundamental de la tonalidad *do mayor*. Si además el piano o su dispositivo permite reproducir el sonido tocado por órgano o sintetizador, hágalo. La prolongación del sonido le permitirá apreciar mejor el propósito del ejercicio.

2. Ahora pulse las teclas *do*, *mi bemol* y *sol*, es decir, la tríada fundamental de la tonalidad *do menor*.

Repita varias veces ambas pulsaciones alternativamente hasta que haya percibido claramente las diferencias entre acordes en modos mayor y menor. El mayor posiblemente le sonará alegre, brillante, claro, optimista, afirmativo. El menor, en cambio, le sonará más triste, mate, oscuro, melancólico, negativo. Y solo hemos variado un semitono entre los grados II y III.

Hasta ahora solo hemos hablado de la escala de *do mayor* por ser la más fácil, pues carece de alteraciones y puede tocarse solo con las teclas blancas del piano. Ya sabemos que significa que la tónica es *do*, y que los intervalos (Tonos y Semitonos) entre los grados se expresan con la fórmula T-T-St-T-T-T-St:

Solo hay otra escala sin alteraciones, *la menor*, la relativa menor de *do mayor*, cuya fórmula interválica es T-St-T-T-St-T-T

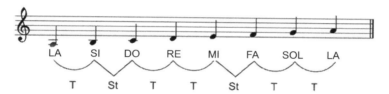

Esta es la llamada *escala menor natural,* pero hay otras, de las que solo mencionaremos dos: la *escala menor armónica* (T-St-T-T-St- (T+St)- St) y la *escala menor melódica* (T-St-T-T-T-T-St).

Escalas de la menor armónica (izda.) y melódica(dcha.)

A continuación, escucharemos dos famosos acordes iniciales de obras de grandes maestros. En primer lugar, el comienzo del primer movimiento de la Sonata nº 8 para piano en do menor op. 13, llamada «Patética», de Beethoven (después pueden continuar escuchando esta soberbia muestra del genio beethoveniano en su totalidad).

SONATA Nº 8 «PATÉTICA» DE BEETHOVEN. DANIEL BAREMBOIM, PIANO.

El acorde inicial, en *do menor*, suena dramático, profundo, doloroso, lóbrego y, como Beethoven definió su *tempo*, grave.

«LA GRAN PUERTA DE KIEV», DE *CUADROS DE UNA EXPOSICIÓN* DE MUSSORGSKI EN LA ORQUESTACIÓN DE RAVEL.

Ahora escuchemos el acorde inicial (que se repite varias veces hasta el solemne final) del último de los *Cuadros de una exposición* («La gran puerta de Kiev») de Mussorgski, en la orquestación de Murice Ravel, por la Orquesta Sinfónica de Chicago dirigida por Carlo Maria Giulini.

La tonalidad de esta pieza es *mi bemol mayor*, frecuentemente utilizada por compositores para subrayar el carácter brillante y triunfador de la pieza, aunque posiblemente el acorde mayor más grandilocuente, majestuoso y triunfalista (y, desde luego, más largo) sea el re bemol mayor que sostiene la Entrada de los dioses en el Walhalla, de El Oro del Rin de Richard Wagner:

ENTRADA DE LOS DIOSES EN EL WALHALLA, DE R. WAGNER.

UN ALIVIO FINAL

Una curiosidad armónica digna de mención es la llamada *tercera de picardía*[25], que consiste en terminar con un acorde mayor una obra escrita en tonalidad menor, alterando el tercer grado con un sostenido. El efecto es de alivio en el último momento de la tensión acumulada por

---

25. El término lo acuñó Jean Jacques Rousseau en su *Diccionario de música* (1767) como «Tierce de Picardie», posiblemente como mención a esa región francesa.

el sombrío modo menor, como si el compositor quisiera decirle al oyente: ¿lo ves?, el asunto no era tan grave.

Fue un procedimiento utilizado en la música del Renacimiento (la melodía inglesa *Greensleeves* es un ejemplo) y del Barroco, sobre todo por Johann Sebastian Bach. Más tarde, esta especie de truco armónico cayó en el abandono, aunque hay algún ejemplo en el Romanticismo, como el *Nocturno en do sostenido menor Op. Post.* de Chopin.

Para experimentar esa balsámica conclusión de una música dramática, nada como escuchar la versión orquestal que Leopold Stokowski hiciera del *Preludio nº 8 de El clave bien temperado* de Bach.

TRANSCRIPCIÓN ORQUESTAL DEL PRELUDIO Nº 8 DE *EL CLAVE BIEN TEMPERADO.* LEOPOLD STOKOWSKI DIRIGE A LA ORQUESTA FILARMÓNICA CHECA.

EL COLOR TONAL

Llegados a este punto, el lector quizá se planteará esta pregunta: ¿para qué necesitan los compositores tantas tonalidades si una sola, o quizás tres o cuatro, les han bastado para crear excelente música? La respuesta nos exige acudir de nuevo, por un lado, al concepto básico del contraste en música, y por otro, al símil pictórico. «Cromatismo» significa gama de colores y, prestado a la música, indica gama de timbres, pero también de tonalidades. Así como un pintor no utiliza solo tonos grises, azules o rosas para todas sus obras, el compositor escoge entre su paleta de tonalidades mayores y menores para dotar a sus obras del «color» deseado, pues «los sonidos pueden ser brillantes o apagados, penetrantes o sombríos, alegres o desanimados, tal y como los colores pueden ser brillantes o mortecinos, deslumbrantes de intensidad o sedantes y neutros, vibrantes o bajos de temple» (L. Stokowski).

Se ha escrito mucho sobre la supuesta «personalidad» de algunas tonalidades con el carácter y la intención expresiva de los compositores. Así, se ha relacionado la de *do mayor* con sencillez e inocencia (recordemos las variaciones de Mozart), pero también con brillantez, triunfo y solemnidad.

Para George Grove (fundador del Grove Dictionary), además de la mencionada *Sonata nº 8 para piano*, Beethoven escogió la de *do menor* para algunas de sus obras más emocionalmente intensas, como la Quinta Sinfonía, la *Marcia Funebre* de la Tercera Sinfonía *Eroica*, la sonata para piano nº 32 y el *Concierto para piano nº 3.*

PARA GUSTOS, LOS COLORES

El compositor barroco francés Marc-Antoine Charpentier fue más lejos al considerar algunas tonalidades como «grave y devota» *(re menor)*, «cruel y dura» *(mi bemol mayor)*, «afeminada y lastimera» *(mi menor)*, «alegre y campestre» *(la mayor)* o «severa y magnífica» *(sol menor)*. El compositor y teórico musical alemán Johann Mattheson, en fin, adjudicó a otras tonalidades sentimientos como «incisivo, terco, belicoso» *(re mayor)*, «generosidad y amor» *(fa mayor)*, «melancolía, angustia» *(fa menor)*…
Algunos cerebros son capaces elaborar sensaciones en un sentido distinto del estimulado, como ver formas y colores cuando escuchan acordes o música en diferentes tonalidades. Es el fenómeno no patológico conocido como *sinestesia*. Se calcula que una de cada 2000 personas puede «escuchar los colores» o «ver» u «oler» la música. Un compositor principiante llamado Richard Wagner dictó en sus memorias que al componer su *Obertura en si bemol mayor* (1830) quiso «dedicar el color negro de la tinta a los metales; por el contrario, las cuerdas debían ir escritas en rojo, y las maderas, en verde».

Pero el compositor sinestésico por excelencia fue Olivier Messiaen, quien calificó al hecho de ver colores (azul-violeta, rojo, rosa, malva) cuando escuchaba música, sin que nadie lo creyera, como uno de los grandes dramas de su vida.

EL PRINCIPIO DEL FIN

La función de los acordes es como «vestir» a una melodía desnuda, es decir, *armonizar*. Hasta la segunda mitad del siglo XIX, esos vestidos armónicos fueron convencionalmente conformes a la estética de la consonancia. Pero el 10 de junio de 1865 se estrenó una ópera que elevó la disonancia a la categoría de sublimidad musical: *Tristán e Isolda*, de Richard Wagner. El primer acorde de la partitura comprende las notas *fa natural*, *si natural*, *re sostenido* y *sol sostenido*, una disonancia nunca antes escuchada, conocida como el «acorde de Tristán». Sobre él se han escrito libros enteros, y su compleja definición armónica todavía es objeto de debate musicológico. En todo caso, con este acorde Wagner abrió de verdad la puerta a la *Zukunftsmusik*[26] («Música del porvenir») que cuatro décadas más tarde conduciría a la disolución de la tonalidad por Arnold Schönberg.

---

26. Título de un ensayo de Wagner publicado cinco años antes del estreno de *Tristán e Isolda*.

«Acorde Tristán», destacado en el «motivo del deseo» de *Tristán e Isolda*.

Añadamos que, en una de sus últimas composiciones, el suegro de Wagner, Franz Liszt, experimentó con la atonalidad en una pieza breve para piano que tituló *Bagatelle ohne Tonart* («Bagatela sin tonalidad»), y que se han considerado las primeras notas de su *Sinfonía Fausto* como la primera serie dodecafónica de la historia[27].

Comienzo de la *Sinfonía Fausto* de Franz Liszt.

Posteriormente, compositores como Debussy, Bartók, Varèse o el mencionado Scriabin escribieron música atonal, pero la ruptura total y definitiva con el sistema tonal sería obra de Schönberg y sus discípulos Anton Webern y Alban Berg.

ATONALIDAD

La Gran Guerra (1914-1918) sacudió con tal fuerza los cimientos sobre los que descansaba la vieja Europa que buena parte acabó derrumbándose. Los «felices años veinte» posteriores a la catástrofe fueron un hervidero de nuevas inquietudes culturales que, desde el rechazo intelectual a los horrores de la guerra y como expresión de rebeldía frente a la sociedad de su tiempo, originaron vanguardias artísticas que rompieron con el orden estético establecido en artes como la pintura, la escultura, el naciente cine y, desde luego, la música.

En el terreno musical, el protagonista de este movimiento vanguardista fue el compositor Arnold Schönberg, que nació en Viena en 1874 y falleció en Los Ángeles en 1951 tras dieciocho años de exilio por su condición de

---

27. Wagner empleó una sola vez este motivo en el segundo acto de la ópera La Valquiria, compuesta después de la Bagatela.

judío perseguido por el régimen nazi. Schönberg comenzó su carrera en la estela postromántica, en buena parte heredera de Wagner, componiendo obras tonales como *Noche transfigurada, Pelleas y Melisande* y los *Gurrelieder*. Mas, pocos años antes de la guerra, convencido de que la música debía seguir avanzando por nuevos caminos, abandonó el sistema tonal para crear lo que hoy conocemos como atonalidad. Paradójicamente, Schönberg escribió un *Tratado de Armonía* clásica que aún se estudia en los conservatorios, aunque lo hizo con una visión crítica que presagiaba su posterior ruptura con la ortodoxia

Con su revolucionario sistema, Schönberg retiró la superioridad jerárquica a la tónica y dotó de idéntica importancia a las doce notas de la escala cromática, lo que dio como resultado una música totalmente nueva pero difícil, no solo de escuchar por los oídos de hace un siglo sino incluso por los actuales. La música atonal es impredecible e imposible de memorizar

TRES PEQUEÑAS PIEZAS PARA VIOLONCHELO Y PIANO DE ANTON WEBERN.

tras su audición. Pero, como demostró Alban Berg con su ópera Wozzeck, es capaz de emocionar al oyente, predispuesto a ello, hay que decirlo, con un oído y una mente sin prejuicios tonales, suficientemente abiertos y receptivos a escuchar otras músicas, tanto o más que muchas obras «comprensibles», es decir, tonales.

Como muestra de música atonal, escuchemos las *Tres pequeñas piezas para violonchelo y piano op. 11* que otro de los discípulos aventajados de Schönberg, Anton Webern, compuso en 1914, el año en el que comenzó el Apocalipsis.

Pero música atonal no significa anarquía. También está sometida a normas, la más importante de las cuales es que ninguna de las doce notas puede volver a sonar antes de que lo hayan hecho las once restantes. Esto dificultaba la composición de obras de cierta extensión (las piezas que acabamos de escuchar no duran juntas ni tres minutos), por lo que Schönberg dio un paso más pasando de la llamada «atonalidad libre» al *dodecafonismo*, o *serialismo*, que a base de transposiciones amplió casi hasta el infinito las posibles combinaciones de una serie inicial de doce notas. Escuchemos la Obertura de la suite para orquesta de cámara que el músico completó en 1926.

 OBERTURA DE LA *SUITE OP. 29* DE SCHÖNBERG. DAVID ATHERTON DIRIGE A LA LONDON SINFONIETTA.

Arnold Schönberg (1874-1951) rompió con el sistema tonal
vigente en la música occidental desde hacía cuatro siglos.

Schönberg fue un visionario convencido de que la música continuaría por los derroteros marcados por él. Sin embargo, un siglo después, la música atonal continúa siendo minoritaria, poco escuchada, interpretada, programada y, sobre todo, comprendida y apreciada. Después de Schönberg, Berg, Webern y demás compositores menos conocidos de la mencionada Segunda Escuela de Viena (la Primera sería la de Mozart, Haydn y Beethoven), no solo siguieron componiendo música clásica tonal compositores de primer nivel como Richard Strauss, Benjamin Britten, Dmitri Shostakóvich, Jean Sibelius, Sergéi Rachmáninov o Igor Stravinski. En la actualidad, prácticamente toda la música que se puede escuchar en un filme o una serie televisiva, en anuncios publicitarios, animando videojuegos o en grabaciones y conciertos de música «moderna» ligera, pop, rock, etc.,

es tonal y casis siempre, como comentamos en otro capítulo, elaborada con la misma fórmula homofónica (melodía soportada por unos pocos acordes básicos) que la de hace cinco siglos. La música tonal es una tradición armónica demasiado antigua y enraizada en el cerebro musical occidental como para desaparecer, y menos para ser reemplazada por nuevos lenguajes musicales que pocos son capaces de comprender.

Terminamos el capítulo dedicado a la Armonía del mejor modo posible: escuchando buena música. Se trata de la *Preghiera* (Oración) de la ópera *Moisés en Egipto*, de Gioacchino Rossini. Por tres veces, los solistas entonan la oración, reforzada por el coro, en la tonalidad de *sol menor*; pero, en la última plegaria, solistas, coro y orquesta estallan modulando a *sol mayor*. El efecto es electrizante y parece transmitir a los oyentes el mensaje de que el Dios de Israel, siempre del lado de su pueblo, ha escuchado su plegaria.

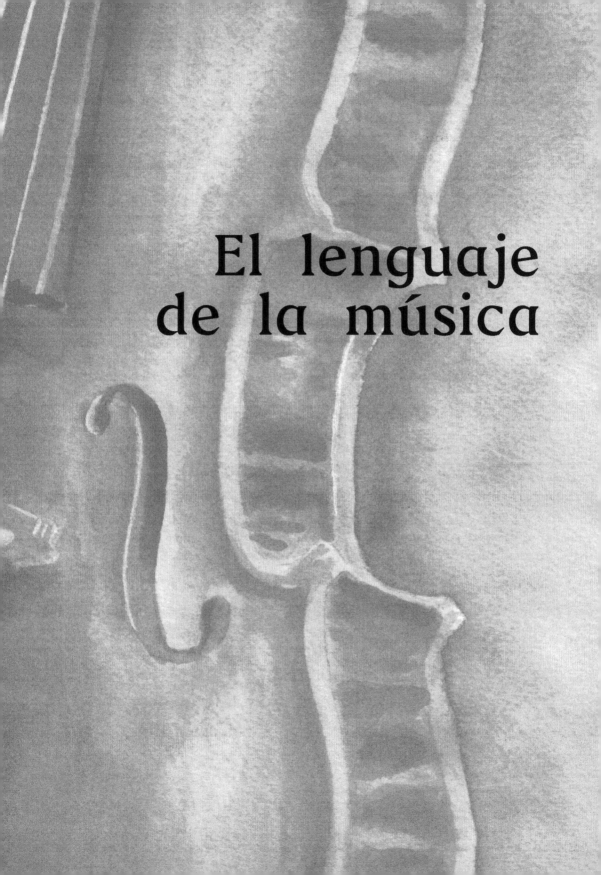

El lenguaje
de la música

Notación musical.
De la tableta a la tableta

Una de las asignaturas básicas de los estudios de Música es Lenguaje musical, antiguamente conocido como «solfeo», aunque solfear (entonar una partitura nombrando sus notas y al ritmo requerido por el compás) solo era una de las habilidades que los alumnos debíamos dominar para aprobar el examen.

Como todo lenguaje culto, el musical se escribe y se lee. El encargado de escribir una pieza musical es el compositor, y el de cantarla o tocarla, el intérprete, y el equivalente del libro que transmite la obra literaria desde el escritor al lector es la partitura. En lugar de palabras llenando las páginas del libro, la partitura contiene signos de notación musical llenando los pentagramas.

La evidencia histórica más antigua que existe de la escritura de signos de significado musical que puedan interpretarse fue hallada en las excavaciones arqueológicas de la antigua ciudad de Nippur, en la actual Bagdad. Se trata de una tablilla o tableta de arcilla sobre la que hace unos 2.000 años un músico sumerio inscribió signos musicales en escritura cuneiforme.

En la Grecia clásica la notación consistía en escribir signos o letras sobre sílabas del texto que debía cantarse, versos cuyo ritmo seguía la voz.

Durante los primeros siglos de la Era Cristiana la música era exclusivamente vocal, sacra y, como veremos, monofónica (una sola voz). Para indicar la altura de las notas, el director del coro monástico practicaba la quironimia (movimientos con las manos) como los que utilizan los directores de orquesta y coros actuales. La sílaba o sílabas coincidentes con cada nueva posición de la mano, es decir, cada nota, se denominaba *neuma* (que significa soplo, espiración). Con el tiempo, los monjes empezaron a dibujar signos nemotécnicos de los movimientos quironómicos de ascenso y descenso, dando lugar a la notación musical neumática.

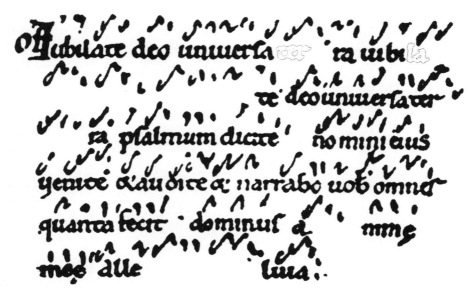

Notación neumática

Como puede apreciarse en la figura, los neumas estaban como flotando por encima del texto, sin una referencia objetiva sobre su altura. Y así fue hasta que en el siglo IX alguien[28] concibió la simple pero genial idea de dibujar una línea horizontal que al menos marcaba un límite entre neumas más altos o bajos que otros. Desde luego era insuficiente, pero marcó el comienzo de la senda que conduciría hasta nuestro pentagrama («cinco líneas», en griego). A la línea única siguió otra paralela y a estas otras, hasta llegar al endecagrama (once líneas) que se utilizó hasta entrado el siglo XVI, muy difícil de leer hasta que llegó la segunda idea genial: suprimir la línea central dejando dos pentagramas, superior e inferior, que permiten escribir e interpretar las partes de las cuatro voces fundamentales (bajo, barítono, contralto y soprano), escribiendo las graves en el inferior y las agudas en el superior.

CLAVES

Lógicamente, los instrumentos de teclado necesitan ambos pentagramas, el superior para la mano derecha y el inferior para la izquierda. En cuanto a los instrumentos de cuerda y viento, solo necesitan un pentagrama, pero si ojeamos partituras de violín, viola y contrabajo, veremos que el primer

---

28. Aunque tradicionalmente se atribuye el invento al famoso monje benedictino Guido d'Arezzo, no todos los historiadores de la Música están de acuerdo.

signo que aparece en el primer pentagrama, la *clave*, es distinto en las tres, a saber:

Pentagrama superior en *clave de sol en segunda línea* (violín), intermedio
en *clave de do en tercera* (viola) e inferior en *clave de fa en cuarta* (violonchelo).

La utilidad de las claves es «centrar» las notas en el pentagrama, evitando la proliferación de las cortas líneas adicionales, superiores o inferiores, donde se sitúan las notas tan agudas o graves como las que muestran los pentagramas de la figura siguiente.

Líneas adicionales. Para facilitar la lectura de notas muy agudas o graves se pueden sustituir
por una línea discontinua marcada con 8 u 8va que indica ascender a las octavas superior o inferior.

El símbolo de la *clave de sol* es una evolución de la letra «G» gótica, que como sabemos en la notación alfabética anglosajona representa la nota *sol* de los países mediterráneos. El centro del rizo se sitúa sobre la segunda línea del pentagrama, donde se escribe esta nota. El símbolo de la *clave de fa* es también una letra mayúscula evolucionada, en este caso una «F», nota fa en la notación latina. Los dos puntos se sitúan por encima y debajo de la cuarta línea sólo en la clave de fa en cuarta línea, ya que también la hay en tercera.

Por su parte, el símbolo de las *claves de do* proviene de la letra «C», nuestro *do*. En la actualidad se emplean las de tercera y cuarta líneas

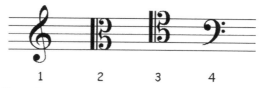

Claves de *sol* (1), *do en tercera* (2), *do en cuarta* (3) y *fa* (4)

LA PARTITURA Y SUS SÍMBOLOS

Hasta aquí han ido apareciendo los símbolos más importantes (no todos) que nos encontramos en una partitura, que recordamos a modo de repaso sumario:

- *Claves:* las recién comentadas de *fa, si* y *do.*
- *Armaduras:* los sostenidos o bemoles que posee cada tonalidad.
- *Figuras:* las notas musicales (redondas, blancas, negras, corcheas, etc.)
- *Silencios o pausas:* a cada figura el corresponde el suyo.
- *Compás:* espacio entre dos barras del pentagrama.
- *Indicación de compás:* 2/4, 3/4, 4/4, etc.
- *Alteraciones:* sostenidos, bemoles, becuadro.
- *Articulaciones:* calderón, acento, staccato, etc.
- *Líneas:* ligadura, reguladores.
- *Notas de adorno:* apoyatura, mordente, trino.
- *Tresillo:* tres notas iguales ocupando el tiempo de dos en el compás.
- *Barras:* simple, doble, de repetición.
- *Tempo:* indicación metronómica y términos italianos: adagio, andante, allegro, etc.
- *Dinámica:* forte (f), mezzoforte (mf), piano (p), etc.
- *Fraseo:* ligadura de expresión.

Una orquesta sinfónica puede reunir hasta un centenar de músicos, cada uno de los cuales tiene ante sí el atril donde descansa su *particella*, que es la partitura exclusiva de su instrumento. El director, en cambio, se enfrenta a la partitura orquestal, que reúne en la misma página los pentagramas de todos los instrumentos que intervienen en ella. Como bien explicó Berlioz, desde su podio el director hace sonar su gigantesco instrumento musical, llamado orquesta[29]. La siguiente figura muestra la complejidad de una partitura orquestal, que el director ha de dominar como cada músico la de su instrumento. Cada pentagrama corresponde a un instrumento (contrafagot, trombón bajo) o grupo de instrumentos iguales (primeros violines, flautas, etc.).

---

29. Célebres directores como Arturo Toscanini o Herbert von Karajan dirigían siempre «de memoria», es decir, sin partitura. Esta práctica les jugó alguna mala pasada como a Karajan cuando, dirigiendo *Los Maestros cantores de Núremberg* de Wagner en el Festival de Bayreuth de 1939 ante Adolf Hitler, se quedó en blanco y hubo que detener la representación. El führer montó en cólera (era su ópera favorita) y prohibió a Karajan dirigir en el *Festspielhaus.*

Página de la partitura orquestal de la *Quinta Sinfonía* de Beethoven.

Gracias a la tecnología digital, hoy es posible disponer de partituras en dispositivos como el ordenador, la tableta o el teléfono móvil. Además de descargarlas desde la nube o digitalizarlas y escanearlas en formato *pdf* simplemente para verlas en estos dispositivos, existen aplicaciones para IOS y Android que mediante sofisticados lectores digitales con lápiz para tableta o simples fotos obtenidas con el móvil permiten además reproducirlas.

De este modo, varios milenios después de la primera notación musical conocida en la tableta de Nippur, un dispositivo digital portátil también llamado tableta es, por el momento, el último invento que el ser humano ha puesto al servicio de la interpretación musical.

LA EXPRESIÓN MUSICAL

Imaginemos a una compañía teatral leyendo el texto de una obra o a un recitante de poemas pronunciando impecablemente frases y estrofas, pero con una lectura plana, sin variar ni la velocidad ni el volumen de la voz ni la entonación ni mostrando emoción alguna, como quien lee una noticia del periódico o el prospecto de un medicamento. Del mismo modo, leer correctamente las figuras y silencios de una partitura no es suficiente para convertir los sonidos resultantes en una manifestación de arte musical. Para lograrlo, una pianista, un cuarteto de cuerda, una liederista o un director de orquesta deben transmitir a los oyentes las emociones que el compositor pretendió comunicar con su obra. Es decir que, además de las notas, deben saber interpretar lo que en música se conoce como *expresión*.

Los tratados de teoría musical distinguen cuatro aspectos de la expresión musical de los que ya nos hemos ocupado: el movimiento, el carácter, el matiz y la articulación. Recordando,

- El *movimiento* o tempo es la velocidad de interpretación de una obra o de un pasaje en particular.
- El *carácter* es la atmósfera emotiva que envuelve a la música en cuestión, alegre o angustiada, tranquila o tumultuosa, etc.
- El *matiz* dinámico es el grado de intensidad sonora.
- La *articulación* es el modo de atacar, acentuar, separar y acortar o prolongar el sonido de determinadas notas o frases.
- En el canto reviste especial importancia además el *fraseo*, al que ya nos hemos referido, como correcta entonación e interpretación de las frases mediante las correctas disciplinas de la respiración y ejecución de las ligaduras.

Para asegurarse de que los intérpretes comunicaran con la mayor fidelidad la expresión deseada para sus obras, a partir del siglo XVIII los compositores utilizaron un amplio vocabulario de palabras del idioma italiano, tratando de establecer un código interpretativo que no despertara dudas sobre sus intenciones expresivas. Los términos pueden afectar a un solo compás o a la obra completa.

Con respecto al carácter, la lista de términos es larga y baste saber que la mayoría son bastante elocuentes, como *agitato, amoroso, cantabile, con brio, con moto* (movido), *con tenerezza* (ternura), *doloroso, giocoso, lugubre, maestoso* (majestuoso), *strepitoso o tranquillo*.

Algunos instrumentos musicales poseen términos de expresión musical específicos. Como ejemplo, solo nos referiremos a los que afectan al pedal de resonancia (el derecho, que mantiene el sonido mientras se presiona): la abreviatura *Ped.* marca el inicio de la pisada y un asterisco (*) el final.

PRUEBA FIN DE CURSILLO

Como colofón a los capítulos que hemos dedicado a exponer los conocimientos básicos del lenguaje musical, proponemos al lector sin conocimientos previos un ejercicio que no pretende examinarlo sino mostrarle que ya es capaz de descifrar lo que antes podía parecerle un ininteligible jeroglífico: una partitura. Concretamente, los primeros diecinueve compases del primer movimiento de la *Sonata para piano Nº 3, op. 5* de Johannes Brahms.

Sonate No.3 op.5
1st Movement

Johannes Brahms

Naturalmente, no le pedimos que la interprete en su teclado, sino que identifique y comprenda el significado de los símbolos y signos siguientes:

- Claves de ambos pentagramas, superior e inferior: nombres y colocación exacta. ¿Hay algún cambio de clave más adelante, en alguno de los pentagramas?
- Armadura: número y tipo de alteraciones que presenta.
- ¿Tonalidad? Una pista: la tónica es la que inicia el movimiento, abarcando tres octavas.
- ¿Mayor o menor? Recordatorio: calcule los tonos y semitonos entre la tónica (ya sabe cuál es) y la dominante.
- ¿Compás? ¿Qué indica el numerador? ¿Y el denominador?
- ¿El ritmo es binario, ternario o cuaternario?
- ¿Qué términos italianos de expresión utilizó Brahms al comienzo de la obra?
- ¿A qué propiedad del sonido se refiere la primera palabra en italiano? ¿Qué significa?
- ¿Y la segunda? ¿Qué significa?
- ¿Qué otra indicación de carácter (de significado obvio) hay en la partitura?
- ¿Cree que la obra comienza en anacrusa?
- Por favor, ahora identifique:
  - Llaves.
  - Figuras: blancas, negras, corcheas y semicorcheas.
  - Silencios: de negra y de corchea.
  - Alteraciones: bemoles y becuadros. ¿Hay algún sostenido?
  - Puntillos.
  - Tresillos.
  - Ligaduras, de prolongación y de expresión.
  - Barras de compás: ¿cuántas hay?
  - Líneas adicionales
  - Signos de articulación: staccato, acento, calderón.
  - Indicaciones de matiz dinámico. Reguladores.
  - Indicaciones de uso del pedal de resonancia.

Seguro que lo ha encontrado casi todo, y como recompensa al esfuerzo puede escuchar a continuación la música que surge de estos pentagramas, una obra maestra de un compositor de apenas 20 años.

ALLEGRO MAESTOSO DE LA *SONATA PARA PIANO Nº 3 OP. 5* DE JOHANNES BRAHMS. GRIGORY SOKOLOV, PIANO.

Los nuevos tiempos. Música del siglo XX.

Aunque hoy pueda sorprender, las composiciones de Ludwig van Beethoven fueron incomprendidas e incluso rechazadas por críticos y oyentes cuando las dio a conocer en los primeros años del siglo XIX. El genio revolucionario de la música que llevaba dentro despertó en un momento crítico de su vida, acaecido en 1802. Aquel año, desesperado por la sordera que le afectaba, llegó a pensar en el suicidio, pero tuvo el coraje de sobreponerse y a partir de aquel momento su música fue otra. Su Segunda Sinfonía y la Tercera, *Eroica*, concebida durante su estancia en Heiligenstadt, están separadas por un abismo musical en el que Beethoven estuvo a punto de caer como una figura relevante pero frustrada del clasicismo vienés, desde el que resurgió como el mayor genio universal de la música que el mundo ha conocido desde entonces. Sin embargo, la crítica calificó la *Eroica* como «pesada, interminable y deshilvanada».

Dos siglos después, si al público actual que todavía no ama la música clásica le cuesta «entender» (cuando no soportar) obras que al melómano le parecen tan «audibles» como, por ejemplo, *Tristán e Isolda* de Wagner, la *Sexta Sinfonía* de Mahler, *El mandarín maravilloso* de Bártok, el *Tercer Concierto para piano* de Prokofiev o *El pájaro de fuego* de Stravinski, qué decir de la obra de autores como Ligeti, Ives, Boulez, Stockhausen o de Pablo. La «música del siglo XX», ese saco donde se acumulan el impresionismo de Debussy, la atonalidad de Schönberg, el neoclasicismo de Honegger o Hindemith, la música concreta de Schaeffer, la electrónica de Varèse, la estocástica de Xenakis, la aleatoria de Cage, la micropolifónica de Ligeti o la minimalista de Glass es, sin duda, dura de escuchar y puede resultar «pesada, interminable, deshilvanada» e incluso difícilmente soportable hasta para el melómano acostumbrado a la tonalidad.

Por el momento, estas modernas tendencias de la música clásica no amenazan con desbancar de los programas de conciertos y de las temporadas de óperas a las composiciones basadas en la armonía clásica. Pero es tan cierto que, como venimos insistiendo a lo largo de este libro, el secreto para acabar aceptando e incluso disfrutando estas músicas en apariencia tan extrañas consiste en no rechazarlas para siempre tras la primera audición, sino todo lo contrario: escucharlas una y otra vez, con el oído y la mente bien abiertos, sin comparaciones odiosas ni prejuicios culturales del pasado, hasta apreciar el tesoro musical que encierran.

Conocer y apreciar la música del siglo XX (y ya del XXI) es tan enriquecedor del espíritu musical que todos albergamos en nuestra mente como pueda serlo el canto gregoriano, un motete de Victoria, un oratorio de Händel, un preludio de Chopin, una sinfonía de Brahms o una ópera de Gluck, Verdi o Henze. Y ello aun tratándose de obras tan sorprendentes como los siguientes ejemplos de música electrónica, estocástica (basada en algoritmos matemáticos), micropolifónica (simultaneidad de timbres, armonías y, en este ejemplo, ritmos) y minimalista (que lleva hasta el extremo el principio de repetición).

Escuchemos algunos ejemplos de estas músicas de los nuevos tiempos, algunas de las cuales, como la obra de Ligeti, caen en el terreno de la extravagancia.

METÁSTASIS, DE XENAKIS.

POEMA SINFÓNICO PARA
100 METRÓNOMOS DE
LIGETI.

Parte del primer violín en el primer movimiento, *Blood Oath*, del *Cuarteto de cuerdas nº 3 «Mishima»* de Philip Glass.

BLOOD OATH
DE PHLILP GLASS

La búsqueda de nuevas sonoridades mediante nuevos instrumentos trajo consigo la de un nuevo lenguaje musical, y este la de nuevos sistemas de notación musical, utilizando el denominado grafismo musical, cuyas partituras pueden resultar tan extrañas como la de *Siciliano*, una pieza vocal para doce voces masculinas a capela de Sylvano Bussotti.

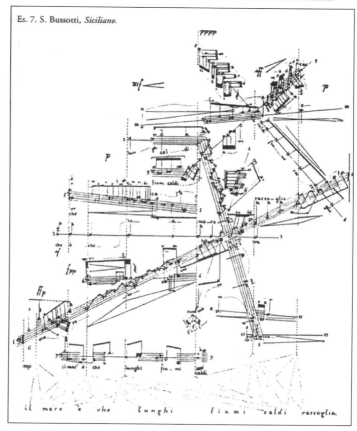

Es. 7. S. Bussotti, *Siciliano*.

Partitura de *Siciliano*, de Bussotti (1962).

Sintaxis musical

Así como en la sintaxis gramatical del lenguaje escrito hay sílabas, palabras, frases y párrafos, el lenguaje musical se estructura de modo similar para elaborar un discurso. Vamos a estudiarlo con una partitura: la del tema de las *Seis Variaciones sobre el aria «Nel cor piú non mi sento» de la ópera de Giovanni Paisiello «La Molinara», WoO 70* que Beethoven compuso en la tonalidad de *sol mayor*.

TEMA DE LAS VARIACIONES DE BEETHOVEN SOBRE UN TEMA DE PAISIELLO.

En primer lugar, escuchémoslo en la interpretación de Rudolf Buchbinder. Es fácil seguirlo en la partitura, pero repítalo varias veces hasta que lo vea (y escuche) claro, fijándose sobre todo en la melodía del pentagrama superior y no en el acompañamiento en arpegios del inferior.

Período musical compuesto por dos *frases* (F-1 y F-2); la primera está formada por dos *semifrases* (Sf1 y Sf2) y cada una de estas por un *motivo* (m) repetido con variación (m').

Comenzando a numerar los compases desde el siguiente a la anacrusa inicial:

- El elemento sintáctico musical más sencillo es el *motivo*, formado por unas pocas notas. En este ejemplo, las de los dos primeros compases *(m)*, que se repite modificado en los dos siguientes *(m')*.
- Estos cuatro primeros compases forman una primera *semifrase (Sf1)* que parece formular una pregunta cuya resolución queda como en el aire, al terminar en la supertónica *(la*, con puntillo) bajo la fuerte atracción de la tónica *(sol)*.
- Los cuatro siguientes compases forman la segunda semifrase (*Sf2)*, que proporciona esa respuesta, al concluir con la «vuelta a casa», es decir, en la tónica.
- Ambas constituyen la primera *frase* musical *(F-1)* de ocho compases pregunta-respuesta típica de la música del clasicismo.
- A esta frase sigue otra *(F-2)* que ocupa desde el noveno compás hasta el final, con un final de la semifrase-pregunta más intenso, un acorde no conclusivo sobre la dominante *(re)* alargado por un calderón (compás nº 14) que aporta tensión y que los seis últimos compases se encargan de relajar volviendo al reposo del *sol* definitorio de la tonalidad.
- El conjunto de ambas frases constituye un *período*, que en este caso coincide con la totalidad del tema objeto de las variaciones subsiguientes.
- Varios períodos o subsecciones (estos términos son objeto frecuente de confusión) forman cada *sección* (A, B, C, etc.) en las que se divide una estructura, binaria, ternaria, rondó, etc.
- Y varias secciones, en fin, conforman un movimiento de forma musical como la sonata para piano, la sinfonía o el cuarteto de cuerda, que abordaremos en un próximo capítulo.

CÉLULAS MUSICALES

La partitura anterior está recorrida por el ritmo alegre que proporciona una célula temática formada por una negra seguida de una corchea en cada mitad del compás (6/8, recordemos, es binario). Es lo que se conoce como *motivo* o *inciso*, una fórmula rítmica básica formada por unas pocas notas y actúa como una célula que se va desarrollando a lo largo de toda la composición.

El siguiente ejemplo muestra un sencillo motivo rítmico compuesto de negra-silencio de corchea-corchea-negra, utilizado por Beethoven en el segundo movimiento, Scherzo, de su *Novena Sinfonía en re menor, Op. 125, «Coral»*. «Scherzo» significa en italiano «broma» y en su última gran obra sinfónica el gran maestro completamente sordo aún tuvo arrestos para juguetear con esta figura rítmica, confiándosela incluso a los timbales (escúchese en la grabación siguiente), una broma que causó asombro el día de su estreno.

SCHERZO DE LA *NOVENA SINFONÍA* DE BEETHOVEN. SIR ROGER NORRINGTON DIRIGE LA ORQUESTA LONDON CLASSICAL PLAYERS.

Otro ejemplo de motivo, esta vez más melódico que rítmico, utilizado como célula motriz de una composición es el que muestra la siguiente figura:

Una sencilla sucesión de tres notas *(do-si-mi)* animadas por el ritmo forma el motivo sobre el que Franz Liszt compuso su poema sinfónico *Los Preludios*.

LOS PRELUDIOS, DE FRANZ LISZT. ORQUESTA FILARMÓNICA DE BERLÍN DIRIGIDA POR HERBERT VON KARAJAN.

Siguiendo la estela beethoveniana, Franz Liszt construyó el edificio sonoro del más célebre de sus doce poemas sinfónicos, *Los Preludios*, utilizando como elemento constructivo básico (casi un «ladrillo musical», se podría decir) un sencillo motivo de tres notas separadas por un intervalo descendente de un semitono descendente y otro ascendente de dos tonos y medio.

En la siguiente grabación el lector-oyente podrá comprobar lo que un maestro de los grandes es capaz de desarrollar con un motivo tan modesto pero que atraviesa la partitura de principio a fin, modelándolo mediante cambios armónicos, melódicos, rítmicos, tímbricos, dinámicos y de tempo como si de un material maleable se tratara. Escúchelo con suma atención, trate de identificarlo y no perderle la pista, y asómbrese con su omnipresencia, sus transformaciones y la transfiguración que este motivo experimenta desde su sombría presentación (el intervalo *si-mi* está a un paso del ominoso tritono) hasta el apoteósico triunfo final de esta soberbia obra sinfónica tan injustamente olvidada hoy día en los programas de conciertos.

LEITMOTIVE

Punto y aparte merecen los llamados motivos guía wagnerianos, conocidos con el término alemán *leitmotive* (plural de *leitmotiv*, literalmente, «motivo conductor»). Término que, dicho sea de paso, Richard Wagner nunca empleó para lo que el prefirió calificar *hauptthema* (tema o motivo principal). El leitmotiv es un motivo musical asociado a un personaje, un objeto, un hecho, una idea o un sentimiento, que aparece de modo recurrente a lo largo de la obra. No son como etiquetas identificativas sino «momentos melódicos de sentimiento» que se van imbricando en el drama tejiendo una especie de «guía emocional», a los que Wagner dotó de desarrollo armónico y melódico, aunque siempre permanecen identificables para el oyente.

Como ejemplo de uso intensivo de un leitmotiv, escuchemos el *Waberlohe-motiv* o «motivo del círculo de fuego mágico» con el que el dios Wotan rodea el cuerpo dormido de su hija Brunilda, en la escena final de *Die Walküre* (La Valquiria), primera jornada de la tetralogía *El Anillo del Nibelungo*. El motivo explota coincidiendo con el emocionante abrazo de despedida del padre a su hija más amada (minuto 2:00 de la grabación) y se mezcla con otros motivos (el destino, el pacto, Loge, la espada) hasta su consumición por el fuego al final de la ópera.

Waberlohe-motiv (motivo del círculo de fuego).

FINAL DE *LA VALQUIRIA* DE WAGNER. SIR GEORG SOLTI DIRIGE A LA ORQUESTA FILARMÓNICA DE VIENA CON HANS HOTTER EN EL PAPEL DE WOTAN.

El motivo se repite una y otra vez y su escucha no solo resulta de una machacona monotonía, sino que genera una intensidad emotiva nunca antes alcanzada en una escena operística.

Retomando el símil de la construcción, el compositor utiliza los motivos para elaborar frases que forman períodos, los cuales van levantando la estructura musical de acuerdo con un plano o plan formal que dará lugar a una obra única, distinta y distinguible de todas las demás.

Las estructuras musicales

ESTRUCTURA Y FORMA

Antes de abordar los dos siguientes capítulos conviene aclarar un aspecto, más conceptual o semántico que musical, que puede confundir al lector interesado por la música clásica cuando consulta tratados o artículos sobre historia o teoría de la música: la distinción entre *estructura* y *forma* musicales. Al igual que el cuarteto, la sinfonía o el poema sinfónico, algunos textos califican como «formas» a estructuras como la binaria, el rondó o la fuga. La confusión alcanza su máximo nivel con la sonata, que es al mismo tiempo una forma y una estructura.

Sin entrar en rigurosos análisis musicológicos, trataremos de aclararlo de la mejor manera para llegar a comprender esta música: escuchándola.

Una estructura es la «disposición, distribución y orden» que relacionan las partes de un conjunto. La definición es válida para una máquina, un edificio, una novela o una sinfonía: una herramienta de diseño a disposición del arquitecto, el escritor o el compositor. La columnas, bóvedas y escalinatas son elementos arquitectónicos cuya estructura sirve para construir edificios de formas tan diferentes y características como un templo, un museo, un auditorio o un bloque de viviendas. Con las frases, los párrafos y los capítulos se redactan los textos de un ensayo, un libreto de ópera o una novela. Y con los motivos, las frases musicales y las secciones con estructuras binaria, ternaria o rondó se componen lo mismo preludios para piano, arias de ópera, minuetos o movimientos de concierto. En música, la estructura musical es un sistema ordenador de los sonidos con arreglo a normas sintácticas.

Algunos musicólogos consideran las estructuras musicales como moldes en los que los compositores vierten sus ideas para darles forma. Otros lo matizan rechazando una horma rígida y válida para todos los compositores, ya que la adaptan a sus intenciones creativas. Para otros, la estructura es como un plan organizativo del material utilizado por el compositor, o como el mismo cauce o sendero que recorren sus ideas musicales únicas camino de las formas.

LA SECCIÓN

En el apartado de la sintaxis musical expusimos los que pueden considerarse el «material de construcción» de una obra musical: la célula o motivo, la semifrase, la frase y la sección o período. La definición académica de la sección es «enunciado musical que finaliza con una cadencia o que está construido a partir de dos miembros complementarios, cada uno generalmente de dos a ocho compases de extensión y denominados *antecedente* y *consecuente*, respectivamente». A un nivel más comprensible, una sección es la plasmación en la partitura de una idea musical con un claro final que da (o puede dar) paso a la siguiente sección a través de uno o dos compases de transición (o de conclusión) llamados cadencia.

En teoría musical las distintas secciones de una composición se designan con las primeras letras mayúsculas del abecedario: A, B, C. D. E, etc. (nada que ver con la notación alfabética anglosajona) o con minúsculas cuando son más breves o son las partes (subsecciones) en las que se divide una sección. Como sabemos, la *repetición* es el recurso más frecuentemente utilizado en la estructura musical de todas las épocas, formas, géneros y estilos. Una sección repetida con exactitud se expresa A-A, y con un acento (A-A') si la repetición presenta algún cambio, aunque sea poco importante.

En *Cómo escuchar la música* (1939) el compositor Aaron Copland (1900-1990) esquematizó cuatro categorías de la repetición musical:

- Por secciones, o simétrica, como en la estructura Rondó.
- Por variación, como en la estructura Tema con variaciones.
- Por imitación, como en la estructura Fuga.
- Por desarrollo, como en la estructura Sonata.

Veamos cuáles son las estructuras musicales más importantes.

ESTRUCTURA ESTRÓFICA

La estructura más sencilla es la *estrófica*, o repetición exacta: A-A-A, etc. y aunque como decimos puede contener alguna variación (A-A'-A"), la música es la misma en todas las secciones, sólo cambia el texto. Es característica de la música vocal, litúrgica (el canto gregoriano es un ejemplo) y también de canciones cuyo texto lo componen varias estrofas, desde folclóricas populares sencillas hasta lieder o arias de ópera.

El mayor y puede que mejor compositor de canciones de todos los tiempos, Franz Schubert, utilizó la estructura estrófica en muchos de los más de seiscientos lieder que escribió. Como muestra proponemos escuchar *Litaney auf das Fest Aller Seelen* («Letanía por las almas de los difuntos»), sobre un poema de J.G. Jacobi. El texto completo del poema consta de siete estrofas de seis versos, pero habitualmente solo se interpretan dos, como en esta versión.

LITANEY AUF DAS FEST ALLER SEELEN, LIED DE FRANZ SCHUBERT. DIETRICH FISCHER-DIESKAU ACOMPAÑADO AL PIANO POR GERALD MOORE.

ESTRUCTURA BINARIA

La estructura *binaria* consta de dos secciones, A y B, de parecida duración y con la misma métrica, pero contrastadas, lo que significa melodía diferente y modulación de B a una tonalidad próxima a A, aunque la obra finaliza en la tonalidad inicial. Ambas secciones, por tanto, son distintas, aunque guardan un equilibrio estilístico.

La binaria fue una estructura utilizada de modo intensivo durante el Barroco (1650-1750). Johann Sebastian Bach, Domenico Scarlatti y François Couperin compusieron numerosas obras para teclado y, como veremos al exponer la suite barroca, todas las danzas que la componían son estructuras binarias.

EJEMPLO DE ESTRUCTURA BINARIA. *MINUETO EN SOL MAYOR* DE J.S. BACH. DANIEL WIESNER, PIANO.

Minueto en sol mayor BWV 114 de J.S. Bach (atribuido a Christian Pezold),
prototipo de la forma binaria simétrica: secciones A y B de 16 compases cada una
(2 semifrases, SF1-SF2 y SF'1-SF'2) de 8 compases, 4 antecedentes y 4 consecuentes).

ESTRUCTURA TERNARIA

La estructura *ternaria* (A-B-A) está formada por una primera sección (A), una
segunda contrastada (B) a modo de disgresión y una repetición de la primera,
exacta (A) o con alguna variación (A'). La sección central contrasta armónicamente con las dos extremas y la tercera finaliza en la tonalidad inicial.

La estructura ternaria puede ser simple, cuando las tres secciones constan de una única melodía (aunque puedan repetirse) o compuesta, cuando en las tres secciones se distinguen dos subsecciones. Como ejemplos respectivos, escuche la *Antigua canción francesa* de Chaikovski y la *Marcha fúnebre de la sonata nº 2* de Chopin, e identifique las tres secciones sin dificultad.

RONDÓ

En la estructura **rondó** una sección inicial o *estribillo* se repite varias veces, con otras intercaladas (llamadas coplas o *couplets*) entre las repeticiones. La mayoría de los rondós contienen dos (A-B-A-C-A) o tres coplas (A-B-A-C-A-D-A) y para evitar la monotonía el estribillo puede variar en cada reaparición.

Buena muestra de la «polivalencia» de una estructura musical en diferentes formas es que con la estructura del rondó se han compuesto tanto movimientos de sonatas, sinfonías y conciertos como arias de ópera, serenatas para cuerdas u piezas pianísticas como partitas o la célebre bagatela *Für Elise* de Beethoven, cuyo estribillo es bien conocido:

Estribillo de la bagatela para piano *Para Elisa*, de Beethoven.

PARA ELISA, DE BEETHOVEN. IGOR LEVIT, PIANO.

Sobre la variación hay que puntualizar que el término no se refiere aquí a los cambios melódicos, rítmicos, armónicos o tímbricos que puedan experimentar un motivo o una frase musicales, que es una práctica habitual en la creación musical, sino a la estructura que se conoce como *Tema y variaciones*, o *Variaciones sobre un tema*.

TEMA Y VARIACIONES

En la estructura tema con variaciones una melodía inicial (el *tema*) se repite varias veces, modificada por cambios en el ritmo, la tonalidad, el tempo, el timbre o la línea melódica (A-A'-A''-A'''-A''''…).

Las variaciones sobre un tema han atraído a compositores de todas las épocas, desde el vihuelista español del siglo XVI Luis de Narváez (que llamó «diferencias» a sus variaciones sobre la canción popular *Guárdame las vaca*s) hasta autores de los siglos XIX/XX como Johannes Brahms *(Variaciones sobre un tema de Haydn)* Richard Strauss *(Don Quijote)* Edward Elgar (*Variaciones enigma* para orquesta) y Ernö Dohnanyi (*Variaciones sobre una canción de cuna* para piano y orquesta), pasando por las numerosas obras de las épocas clásica y romántica (Mozart, Beethoven, Schubert, Schumann, Liszt, Chaikovski, etc). Las variaciones permiten al compositor hacer gala de su ingenio y habilidad para transformar musicalmente un tema, generalmente sencillo, vistiéndolo con los más imaginativos ropajes que cambian su aspecto sin dejar nunca de ser reconocible por un oído atento.

Una muestra del impetuoso genio de Beethoven son sus *33 Variaciones sobre un vals de Diabelli op. 120*. El compositor y editor Anton Diabelli propuso a cincuenta compositores que escribieran cada uno una variación sobre un vals suyo para publicarlas conjuntamente. Grandes del teclado como Hummel, Czerny, Schubert, Moscheles y un Liszt de 11 años le enviaron la suya, pero a Beethoven una sola variación le pareció poca cosa y le envió treinta y tres, que están consideradas la cima de esta estructura musical.

Como ejemplos de tema con variaciones, proponemos al lector escuchar dos obras, una para el piano compuesta en el siglo XVIII (el primer

VARIACIONES SOBRE UN TEMA ORIGINAL, «ENIGMA», DE EDWARD ELGAR. SIR JOHN BARBIROLLI DIRIGE LA PHILARMONIA ORCHESTRA.

movimiento de la *Sonata nº 11 en la mayor K 331* de Mozart), y otra, orquestal y compuesta al filo del siglo XX, las *Variaciones Enigma* de Edward Elgar que muestran el ingenio desplegado por los compositores al tratar esta forma.

TEMA Y VARIACIONES DE LA *SONATA PARA PIANO Nº 11* DE MOZART, POR MARIA JOAO PIRES.

OTRAS ESTRUCTURAS BASADAS EN LA VARIACIÓN

El **basso ostinato** es un breve diseño melódico confiado al instrumento más bajo del conjunto instrumental (contrabajo o violoncelo en las formaciones de cuerda) que se repite una y otra vez como un motivo obsesivo («obstinado») dando soporte rítmico y armónico a la melodía que se expande sobre él y cuyas variaciones evitan la monotonía. Un buen ejemplo es el archiconocido «Canon de Pachelbel», compuesto hacia 1680 para tres violines y un violonchelo que repite 31 veces un motivo de ocho notas.

CANON Y GIGA EN RE MAYOR DE JOHANN PACHELBEL. ANDREW WATKINSON DIRIGE LA LONDON CITY SINFONIA.

Basso ostinato del Canon de Pachelbel.

El **passacaglia** y la **chacona** son dos estructuras basadas en la variación que en origen fueron danzas populares españolas en ritmo ternario. A diferencia del basso ostinato, cuyo patrón melódico es breve e inamovible, en estas se trata de una melodía objeto de variaciones. La diferencia entre ambas es que en el passacaglia la melodía superior apenas varía, y en la chacona se introducen variaciones de la armonía que la acompaña.

PASSACAGLIA EN DO MENOR BWV 582 DE J. S. BACH. KARL RICHTER, ÓRGANO.

No solo los maestros barrocos (Bach, Pachelbel, Couperin) compusieron obras sobre estas estructuras. Brahms escogió la chacona para el último movimiento de su *Cuarta Sinfonía* y en pleno siglo XX Alban Berg el passacaglia para una escena de su ópera atonal *Wozzeck*.

ESTRUCTURAS FUGADAS

Hay una clase de técnicas polifónicas, más que estructuras, basadas en un tema principal al que se van incorporando sucesivamente otras voces independientes en una textura contrapuntística. Las más importantes son el canon, la invención y la fuga.

El **canon** es la estructura fugada más simple. Consiste en la repetición literal de una melodía por las otras voces que se van incorporando, por lo que, más que repetición, se trata de *imitación*. Cultivado por músicos desde el Renacimiento hasta la actualidad, el canon se ha utilizado como ejercicio en la educación escolar, por lo que hay abundancia de canciones infantiles compuestas en canon, como veremos enseguida.

CANON A DOS VOCES, VIOLÍN AL UNÍSONO, DE J.S. BACH. GUSTAV LEONHARDT.

El número de voces puede oscilar entre dos y hasta ocho, que se van añadiendo a la partitura respecto a la voz precedente a distancia de compás o de frase, y a la misma altura o a un intervalo de distancia. Igual que otras estructuras y formas contrapuntísticas, la época de máximo desarrollo del canon fue el Barroco, donde alcanzaron altos niveles de virtuosismo, en sus variedades circular, perpetuo, unísono, inverso, en espiral, cancrizante (de cangrejo, por su retrogradación), por aumentación o disminución, etc. En la más frecuente, las voces cantan o tocan sobre la misma nota o a octavas de distancia (unísono), como en el siguiente, extraído de la *Ofrenda Musical BWV 1079* de J.S. Bach.

Como contraste con este tipo de canon «culto» barroco, escuchemos una canción popular infantil más conocida, *Frère Jacques*.

FRÈRE JACQUES, POR MORGANE RAOUX.

La **invención** puede considerarse una composición contrapuntística de estructura fugada intermedia entre el canon y la fuga, en la cual las voces sucesivas a la principal modulan, a la dominante si están en modo mayor, o a la relativa mayor si están en modo menor. Las invenciones más conocidas son las que compuso Bach para dos y tres voces. En la del ejemplo sonoro siguiente, la *Invención Nº 1 en do mayor BWV 772*, se aprecia la trasposición de la tónica (*do*) a la dominante (*sol*).

INVENCIÓN Nº 1 EN DO MAYOR BWV 277 DE J.S.BACH. GLENN GOULD, PIANO.

Comienzo de la Invención en do mayor BWV 772 de J.S. Bach.

La **fuga** es la técnica más rica y compleja de este tipo de estructura musical. Igual que en las anteriores, comienza con un tema melódico principal, el *sujeto*, al que sigue otro llamado *respuesta*, que es imitación del anterior, durante la cual el sujeto continúa sonando. Si comienza con la misma nota se denomina respuesta *real*, pero si se trasporta a la quinta superior o a la cuarta inferior, es decir, a la dominante, se trata de una respuesta *tonal*.

Durante la respuesta al sujeto, este replica a su vez de modo contrapuntístico a aquella en lo que se conoce como *contrasujeto*, si no cambia durante toda la pieza, o *contrapunto libre* si lo hace en cada intervención. Las diferentes secciones pueden estar conectadas por unos compases de transición tonal llamados episodios.

Las fugas más frecuentes son las de tres o cuatro voces o melodías que avanzan de modo independiente, pero como sucede en toda obra contrapuntística, formando una progresión armónica. En las fugas a tres voces la respuesta se intercala entre dos sujetos y en las de cuatro el sujeto y la respuesta se van alternando.

La estructura consta de tres secciones: inicial, donde se expone el material musical que aportan las voces; media, enriquecida con modulaciones y final, con el regreso del sujeto a la tonalidad original («a casa») para concluir en la coda.

TOCATA Y FUGA EN RE MENOR BWV 565 DE BACH. WILLIAM MCVICKER, ÓRGANO.

El poseedor de la mente musical más portentosa de la música occidental, Johann Sebastian Bach, elevó esta técnica contrapuntística a la suprema categoría de arte. De cuantas compuso (*El clave bien temperado* contiene 48 fugas y *El arte de la fuga*, 14) proponemos la escucha de la que posiblemente no solo es la fuga sino la música para órgano más conocida, la de la *Tocata y fuga en re menor BWV 565* (en la siguiente grabación la fuga comienza en el minuto 2:41).

Para el musicólogo Graham Wade, este arte es extensivo al oyente, al que la fuga «obliga a concentrarse y exige participación, mientras el oído salta de una voz a otra (…) Son pocas las formas que exijan tanto del oyente. Escuchar fugas es un arte igual que componerlas o interpretarlas». Así pues, invitamos al lector a practicar el arte de la fuga.

LA ESTRUCTURA REINA

La última estructura musical importante en aparecer en el mundo musical clásico, a mediados del siglo XVIII, fue la **sonata**. Como advertimos al principio de este capítulo, la palabra encierra varios significados que conviene aclarar:

- Inicialmente (siglo XVI), el término *sonata* se refería a toda pieza musical en un solo movimiento, compuesta para ser interpretada exclusivamente por instrumentos, a diferencia de la *cantata* o música vocal. Esta forma primitiva de estructura binaria alcanzó su apogeo en la primera mitad del siglo XVIII con las más de 550 sonatas para clavicémbalo que el napolitano Domenico Scarlatti compuso durante los veinticuatro años que vivió en Madrid hasta su muerte.
- Uno de los veinte hijos que tuvo Bach, Carl Phililpp Emanuel, considerado el eslabón más importante entre los períodos barroco y clásico, compuso sonatas en tres movimientos que prepararon el terreno para el establecimiento de la forma sonata por Joseph Haydn.
- En teoría musical, en cambio, «sonata» es el término que define una estructura musical muchas veces denominada «forma sonata», de la que nos ocuparemos a continuación.

La estructura *sonata*, también llamada *allegro de sonata* o *sonata de primer movimiento* ha sido utilizada por los compositores de los últimos dos siglos y medio para escribir tanto obras para piano solo como música de cámara, sinfonías y conciertos. Las infinitas posibilidades expresivas que ofrece han estimulado la creación musical de muchos compositores en los estilos más diversos.

El esquema estructural del movimiento de sonata está bien definido y consta de tres partes, por lo que bien puede considerarse una estructura ternaria A-B-A —aunque de mayor duración, complejidad y densidad que las obras que pusimos como ejemplos al abordar esta estructura— llamadas exposición, desarrollo y recapitulación.

1. La *exposición*.
   a. Comienza con la idea musical que origina el *primer tema* o sujeto, enérgico por lo general, escrito en la tonalidad de la obra.
   b. Enlazando con este primer tema a través de un *pasaje puente*, se expone un *segundo tema*, habitualmente más lírico y modulado a otra tonalidad, típicamente la de la dominante.
   c. Sigue una posible repetición de ambos temas que el compositor indicaba para afianzarlos en el oyente, aunque no siempre se respeta en las interpretaciones actuales (las grabaciones permiten escucharlos cuantas veces se desee).
   d. Entre la exposición de ambos temas y el desarrollo puede encon-

trarse un breve tercer tema conclusivo, en la tonalidad dominante, como clara indicación de paso al desarrollo.

2. El *desarrollo* es la parte más difícil y a la vez más estimulante para un compositor, pues supone el reto de manejar con habilidad el material expuesto anteriormente y, por medio de complejas modulaciones a tonalidades alejadas de la principal y variaciones de todo tipo (melódicas, rítmicas, tímbricas y de tempo), crear toda una nueva obra dentro de la obra. «Es en el desarrollo de la sonata donde vierte el compositor, hasta la última gota, toda la imaginación y la invención de que es capaz» (Copland).

3. La *reexposición o recapitulación* es una repetición de la exposición, con el segundo tema en la tonalidad principal. Es la parte que más evolucionó desde las obras compuestas con esta estructura por los autores clásicos (Haydn, Mozart, Beethoven, Schubert) hasta los del siglo XX tras atravesar la tormentosa etapa del Romanticismo.

En muchas obras, la exposición del primer tema está precedida de una *introducción*, más lenta, y la reexposición seguida de una *coda* (del latín *cauda*, cola, el final).

Como ejemplo de sonata de primer movimiento, escucharemos el de la *Sonata para piano nº 8 op. 13 en do menor, «Patética»*, de Ludwig van Beethoven, en la interpretación de Wilhelm Kempff. Escúchela al menos un par de veces, mejor si son tres, hasta que se familiarice con esta música.

PRIMER MOVIMIENTO DE LA *SONATA* Nº 8 «*PATÉTICA*» DE BEETHOVEN. WILHELM KEMPFF, PIANO.

No vamos a realizar un análisis en detalle de este movimiento, con el que se podrían llenar varias páginas. Se trata solo de identificar las catorce partes que componen su estructura, y para ello deberá escucharlo de nuevo, pero ya pendiente de la siguiente serie de tiempos cronometrados (entre paréntesis los pentagramas numerados).

Primeros compases de la Sonata Patética de Beethoven.

- 0:00 a 1:39 = **introducción (1-10)**
- 1:39 a 1:52 = **exposición** del <u>primer tema</u> (A) (11-27)
- 1:52 a 2:13 = pasaje puente (28-50)
- 2:13 a 2:47 = exposición del <u>segundo tema</u> (B), *frase b1*(51-88)
- 2:47 a 3:08 = exposición del segundo tema (B), *frase b2* (89-112)
- 3:08 a 3:27 = coda (113-132), seguida de repetición hasta aquí desde el primer tema.
- 3:27 a 4:04 = motivo de la introducción (133-136)
- 4:04 a 4:53 = **desarrollo** (137-194)
- 4:53 a 5:17 = **reexposición**, <u>primer tema</u> (A) (195-220)
- 5:17 a 5:47 = reexposición, <u>segundo tema</u> (B), *frase b1* (221-252)
- 5:47 a 6:07 = reexposición, segundo tema (B) *frase b2* (253-277)
- 6:07 a 6:27 = coda (278-294)
- 6:27 a 7:06 = motivo de la introducción (295-298)
- 7:06 a 7:16 = cadencia (299-310)

A este primer movimiento, cuyo tempo es *Grave-Allegro di molto e con brio*, le siguen un segundo, *Adagio cantabile*, y un tercero, *Rondo. Allegro*.

La estructura diseñada por Beethoven para este primer movimiento muestra la versatilidad y flexibilidad de la «forma sonata», la cual, lejos de ser un molde, un plan o un guion rígidos, se adapta a las intenciones expresivas del compositor, aunque respetando siempre las tres partes fundamentales de la estructura. En este caso, Beethoven inicia la obra con una introducción que supera en duración al desarrollo y en la exposición enlaza los dos temas con un pasaje puente más largo (24 compases) que el primer tema, pero en otras sonatas la introducción es más breve o inexistente y el puente apenas ocupa dos compases.

Una vez familiarizados con las principales estructuras, pasemos a exponer las formas musicales más importantes que los compositores han creado ahormando en ellas su particular inspiración.

Las formas musicales

Géneros, formas y estilos

No solo en la literatura de divulgación, sino incluso en la especializada en música clásica, existe cierta confusión entre estos tres términos, que a veces se utilizan indistintamente para referirse a conceptos diferentes, como decir que la sonata es una forma, el lied un género o el canto gregoriano un estilo. Trataremos de aclararlos.

■ **Género** («clase o tipo a que pertenecen personas o cosas»). La clasificación de la música por géneros comprende categorías muy amplias y, por tanto, poco definidas: folclórica, clásica, popular, étnica. Refiriéndonos a la que nos ocupa, la clásica, se pueden distinguir géneros en función de distintos criterios de apreciación, como los siguientes:

- *Por la función que cumplen:* sacra, profana, para la danza, para la escena, incidental, para el cine y televisión.
- *Por los recursos empleados:* vocal (canto llano, canción, coral), instrumental, de cámara, concertante, sinfónica, para un solo instrumento.
- *Por la época histórica:* antigua, renacentista, barroca, clásica, romántica, moderna.

■ **Forma.** No insistiremos en la diferencia entre estructura y forma. Solo recordaremos que la estructura proporciona los materiales que constituyen la forma y que este término puede aplicarse tanto para calificar una obra completa (suite, sinfonía, concierto) como las secciones que conforman cada una de sus partes, secciones o movimientos (sonata, variaciones, rondó). Existen varias clases de formas musicales:

- *Formas simples:* constan de una sola parte o movimiento, como el rondó, la fuga o la obertura.

- *Formas complejas:* comprenden varios movimientos, como la sonata pianística, la sinfonía o el cuarteto de cuerdas.
- *Formas libres:* carecen de una estructura bien definida, como la bagatela, el nocturno o el preludio.
- *Formas instrumentales:* desde un solo instrumento (suite para violonchelo) o pequeños conjuntos (dúo violín y piano, trío-sonata) hasta grandes (poema sinfónico, sinfonía, *concerto a soli*).
- *Formas vocales:* cuando interviene la voz humana, como el lied, la misa o la ópera.

Como puede apreciarse, las categorías se comparten: una obertura de concierto es al mismo tiempo simple e instrumental, una ópera es compleja, vocal e instrumental, un nocturno es libre e instrumental, etc.

■ **Estilo.** El diccionario define bien las dos acepciones del término estilo en música: por un lado, es el «carácter propio que da a sus obras un artista plástico o un músico»; por otro, el «conjunto de características que identifican la tendencia artística de una época» o de un grupo o una generación de artistas que forman parte de *una escuela*. En el terreno individual, el estilo identifica y distingue la obra de un escritor, un pintor o un compositor, de modo que podemos reconocer un cuadro de El Greco o de Gustav Klimt, un edificio de Frank Gehry o una pieza musical de Mozart o Shostakóvich aunque no la conozcamos, porque llevan el sello artístico personal e inconfundible de sus autores.

Pero lo que ahora nos interesa es el segundo aspecto del concepto. Dar un rápido repaso, casi enumerativo, de los estilos musicales que se han sucedido en los últimos siglos supone realizar un conciso resumen de la historia misma de la música clásica occidental.

Esta mirada panorámica sobre la evolución histórica de los estilos musicales evidencia un progresivo acortamiento de sus duraciones. A grandes rasgos, el período que conocemos como Música Antigua abarca siete siglos (IV-XI). La Música Medieval, tres (XI-XIV). La Música del Renacimiento, dos (XV-XVI). La Música Barroca, siglo y medio (1600-1750). El Clasicismo, medio siglo XVIII. El siglo XIX vio transcurrir el Romanticismo y Postromanticismo, las Escuelas Nacionalistas, el Modernismo, el Verismo y el Impresionismo. El siglo XX fue una sucesión rápida de estilos, algunos ligados a un solo compositor: expresionismo, atonalismo, neoclasicismo, primitivismo, microtonalismo, las músicas electroacústicas (electrónica, concreta, en vivo), estocástica, aleatoria, micropolifónica, minimalista, etc.

Las formas instrumentales

1.MÚSICA DE CÁMARA

La palabra italiana *camera* significa «habitación» en castellano. En sus orígenes, la música instrumental solo se interpretaba en los salones de los palacios de aristócratas, civiles o religiosos. De ahí el término *musica da camara*, para denominar la que se ofrecía en estancias privadas donde grupos reducidos de instrumentistas interpretaban obras para el disfrute del noble distinguido o del dignatario eclesiástico, su corte y sus invitados. El número de músicos oscilaba entre dos y nueve, agrupados en dúos, tríos, cuarteos, quintetos, etc., cuyo director ocupaba su sitio entre los músicos.

Joseph Haydn dirigiendo un cuarteto de cuerda.

El progresivo aumento de los efectivos orquestales y la consolidación de las nuevas formas sinfónicas a partir del siglo XVII no significó el fin de la música de cámara, como si fuese un período histórico musical superado por el progreso de la música sinfónica. Lejos de eso, casi todos los compositores de los tres últimos siglos, desde Haydn hasta Schönberg, han producido obras para cuya interpretación los modernos auditorios destinan recintos de escucha más reducidos que las grandes salas sinfónicas, propiamente llamados salas de cámara.

La música de cámara no es una forma musical, sino más bien un subgénero de música instrumental, compuesta para unos pocos instrumentos. La característica principal es que cada uno de ellos toca una música independiente de los demás. En una orquesta sinfónica, los violonchelos, los clarinetes o los trombones habitualmente tocan su parte al unísono. En un cuarteto de cuerda, cada instrumento interpreta una melodía o un ritmo diferente.

La música de cámara, sobre todo y concretamente su forma principal, el cuarteto de cuerda, es la música de la intimidad y el recogimiento, no sólo para el compositor que la crea sino también para los músicos que la interpretan y para el oyente que la disfruta. En palabras del musicólogo Homer Ulrich,

> La música de cámara ha incitado a los más grandes compositores a realizar sus mejores esfuerzos. Proporciona un medio para le expresión de ideas particularmente íntimas, sin depender de grandes explosiones de sonido, variedades de color tonal o exhibiciones de virtuosismo. Sólo hay lugar para lo esencial, rechazándose lo superfluo. Uno adquiere conciencia de la esencia de la música, de las más recónditas intenciones del compositor.

Una lista de obras de música de cámara sería interminable. Para simplificar podemos distinguir tres tipos: las que solo utilizan instrumentos de cuerda, las que, además de estos, incluyen otro u otros instrumentos como el piano, la flauta, el oboe, el clarinete, la trompa o el arpa, y las que solo utilizan instrumentos de viento. Nos limitaremos a ofrecer algunos ejemplos de entre las obras más notables de cada clase.

▪ El dúo

El dúo para instrumentos de cuerda es la mínima expresión de la música de cámara, formado por dos violines, un violín y una viola o un violín y un violonchelo. Lo han cultivado compositores de todas las épocas como Mozart, Spohr, Bruni, Halvorsen o Prokofiev. Con frecuencia, las combinaciones del violín con estos u otros instrumentos, como la guitarra o el arpa, estaban destinadas a intérpretes concretos, a menudo diletantes, por encargo o dedicatoria. He aquí tres ejemplos.

ALLEGRO SPIRITOSO DE LA SONATA CONCERTATA PARA VIOLÍN Y GUITARRA OP. 61 DE NICCOLA PAGANINI. GIL SAHAM, VIOLÍN, Y GÖRAN SÖLLSCHER, GUITARRA.

ALLEGRO DE LA *SONATA PARA DOS VIOLINES OP. 56* DE SERGÉI PROKOFIEV.

RONDÓ DE LA SONATA PARA VIOLÍN Y ARPA OP. 115 DE LOUIS SPOHR.

El superior poder expresivo del piano elevó el dúo a las cimas insuperadas de las diez sonatas que Beethoven compuso para ambos instrumentos. Otros autores de obras para violín y piano fueron Schumann, Brahms y Debussy. Proponemos escuchar el Andante con variaciones de la *Sonata nº 9 op. 47 «Kreutzer»* de Beethoven.

ANDANTE CON VARIAZIONI DE LA SONATA PARA VIOLÍN Y PIANO «KREUTZER» DE BEETHOVEN. ITZHAK PERLMAN, VIOLÍN, Y VLADIMIR ASHKENAZY, PIANO.

Además del violín, se han compuesto dúos que combinan el piano con prácticamente todos los demás instrumentos de la orquesta.

■ El Trío-sonata

Uno de los principales signos de identidad musical del Barroco es el llamado *bajo continuo*. Se trata del acompañamiento de la línea melódica tocada por un instrumento melódico (violín, flauta, oboe, etc.) por otro armónico (clave, órgano, laúd). Pero los compositores solo solían anotar en la partitura la línea del bajo, ejecutada en el clavecín por la mano izquierda, y dejaban a la improvisación del intérprete la armonización indicando con cifras las posiciones de los acordes (fundamental o sus inversiones) que debían acompañar, de ahí el término *bajo cifrado*. Esta repentización (lectura de una partitura a primera vista) exigía una gran habilidad por parte del bajista que acompañaba desde el teclado, cuya línea (mano izquierda) podía y solía estar doblada por un instrumento de cuerda más grave que el violín (viola de gamba al principio y violonchelo más tarde).

La *sonata de trío* o *trío-sonata* es una forma musical característica del Barroco. Su popularidad se debía en gran parte a constituir el conjunto instrumental más reducido, el dúo, al que se añadía el acompañamiento del bajo, y también por su menor dificultad. Por tanto, era una música asequible y al alcance de muchos músicos aficionados ya que solo se precisaba la concurrencia de tres músicos (o de cuatro si, como en el ejemplo anterior, el bajo estaba interpretado por un clave y un violonchelo).

Los dos instrumentos encargados de la melodía podían ser ambos de cuerda (dos violines o un violín y una viola de gamba o violonchelo), ambos de viento (dos flautas o dos oboes) o uno de cada familia.

TRÍO-SONATA PARA VIOLÍN, FLAUTA DULCE Y BAJO CONTINUO TWV 42:D-10 DE G.P. TELEMANN. ELCURAROJO.

Las sonatas de trío constan de tres movimientos (rápido-lento-rápido) o cuatro (lento-rápido-lento-rápido). Todos los grandes compositores del período barroco cultivaron esta forma, tanto en Francia (Couperin) como en Italia (Vivaldi, Albinoni, Corelli), Alemania (Johann Sebastian y Carl Philipp Emanuel Bach, Telemann) como en Inglaterra (Purcell).

Veamos un ejemplo de trío con doble continuo:

El *Trío para piano violín y violonchelo* fue el siguiente paso cuando el clave fue superado por el pianoforte. Haydn, Mozart y Beethoven fijaron y dieron el máximo esplendor a esta forma que, como a otras como la sonata para piano, el concierto, el cuarteto de cuerdas y la sinfonía, Beethoven llevó a la cima. Escuchemos su *Trío nº 8 en mi bemol mayor, op. 97*, titulado «Archiduque», que consta de cuatro movimientos: un *allegro* con estructura sonata, un *scherzo* con su Trío, un andante con variaciones y un *allegro* rondó.

Detengámonos algo más en el la forma camerística más representativas de sus respectivas épocas: el cuarteto de cuerdas.

TRÍO PARA PIANO, VIOLÍN Y VIOLONCHELO «ARCHIDUQUE» DE BEETHOVEN. TRÍO WANDERER.

■ El cuarteto de cuerdas

Por cuarteto de cuerda o cuerdas se entiende tanto una forma musical como al conjunto de los cuatro músicos que interpretan sus obras. La personalidad propia de cada uno de ellos es tal que todos se identifican con un nombre a modo de marca, clásicos (Amadeus, Casals, Kronos, Borodin) o modernos (Vision String, Ébène, Vitamin String, Atenea).

Como forma musical clásica, el cuarteto de cuerda es una de las más notables. Ha sido cultivado por los mejores compositores de los últimos cuatro siglos, desde Haydn hasta Schnittke, que plasmaron en él sus mejores ideas y mayores sentimientos, su sabiduría musical, su arte, en definitiva, logrando con el mínimo de efectivos la máxima expresión.

La composición instrumental del cuarteto de cuerda resultó de la evolución de los cuatro registros vocales básicos: soprano, contralto, tenor y bajo. Estas cuatro voces, utilizadas en los corales luteranos, el contrapunto barroco, el cuarteto solista de las misas, oratorios y óperas, tienen su traducción en los instrumentos de cuerda: el primer violín es soprano; el segundo, contralto; la viola, tenor y el violonchelo, bajo.

Con estos cuatro miembros de la misma familia, que parecen un mismo diseño a distintas escalas, sus intérpretes alcanzan los máximos niveles de compenetración y entendimiento, necesarios para tejer con cuatro instrumentos melódicos una textura armónica de riqueza y expresividad superiores incluso a las de una orquesta. Un cuarteto de cuerdas interpretando una obra es una conversación íntima entre cuatro amigos, con sus momentos de tensión y sosiego, de angustias y esperanzas, pero siempre en plena armonía.

Desde el punto de vista de la estructura, las obras para cuarteto de cuerdas se dividen en varios movimientos, típicamente cuatro, que siguen el esquema formal de la sinfonía: el primero rápido, pero sobre todo denso, en forma sonata; el segundo, lento y en forma de sonata o de tema con variaciones; el tercero, vivo, un minueto con su trío o un scherzo; y el cuarto, muy rápido, un rondó, rondó-sonata o variaciones.

El «padre del cuarteto» fue el mismo de la sinfonía y el concierto, Joseph Haydn. Además de él, en el Clasicismo sobresalen los de Mozart, Beethoven y Schubert. En el Romanticismo, los de Mendelssohn, Schumann y Brahms. De las escuelas nacionales sobresalen los de Janacek, Dvorak, Smetana y Borodin. En el siglo XX se siguieron componiendo cuartetos, como los de Debussy, Reger, Sibelius, la Segunda Escuela de Viena, Ligeti, Holmboe, Shostakovich o Britten, utilizando lenguajes musicales que oscilan entre el atonal y el neoclásico.

Como muestras de tan diferentes estilos adaptados a la misma forma, proponemos la escucha de tres cuartetos, representativos de sendos siglos: el nº 10 en mi bemol mayor, op. 74, «Las Arpas» de Beethoven (1809); el nº 10 en mi bemol mayor, op. 51, de Dvorak (1879) y el nº 8 en do menor, op. 110 (1960) de Shostakovich.

CUARTETO Nº 10
DE BEETHOVEN.
CUARTETO EMERSON.

CUARTETO Nº 3 DE
BRAHMS. CUARTETO
ARTEMIS.

CUARTETO Nº 8 DE
SHOSTAKÓVICH.
CUARTETO BORODIN.

■ **Variaciones sobre un cuarteto**

Sobre la base del cuarteto de cuerdas «estándar» (dos violines, viola y violonchelo), se han desarrollado otras formas camerísticas suprimiendo, sustituyendo o añadiendo algún instrumento:

- En el trío de cuerda se suprime uno de los dos violines.
- El quinteto de cuerdas resulta de añadir al cuarteto otro instrumento cualquiera de la familia. El más célebre de todos es el que interpreta la *Serenata nº 13 en sol mayor K 525, Eine kleine Nachtmusik* («Pequeña serenata nocturna») de Mozart. En esta obra el añadido es un contrabajo que, como suele ser su función, dobla al violonchelo una octava más baja.

PEQUEÑA SERENATA NOCTURNA DE MOZART. CUARTETO GEWANDHAUS.

- En el cuarteto con piano, éste sustituye a uno de los violines, como en el *Cuarteto con piano op. 47* de Robert Schumann.
- El sexteto de cuerdas incluye dos violines, dos violas y dos violonchelos, como el preludio a la última escena de la ópera *Capriccio* de Richard Strauss, la *Mondschein* («Luz de la luna»).
- El *Septimino* (Septeto, op. 20) de Beethoven lo forman los cuatro instrumentos de cuerda más una trompa, un fagot y un clarinete.
- Mendelssohn escribió su *Octeto, op. 20* para cuatro violines, dos violas y dos violonchelos.
- Otros compositores añadieron al conjunto de cuerdas un instrumento ajeno para formar, por ejemplo, el *Quinteto para clarinete op. 112* de Johannes Brahms (un sexteto en realidad, con dos violines, dos violas y un violonchelo) o el célebre *Quinteto con piano «La trucha» op. 114* de Franz Schubert, en el que además del piano participan los cuatro instrumentos de la familia de la cuerda. Escuchemos su cuarto movimiento, un tema con variaciones sobre el lied que presta su nombre *(La trucha)* a la obra.

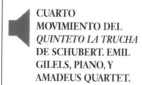

CUARTO MOVIMIENTO DEL *QUINTETO LA TRUCHA* DE SCHUBERT. EMIL GILELS, PIANO, Y AMADEUS QUARTET.

Finalmente, del amplísimo catálogo de excelentes obras de música de cámara que incluyen instrumentos de viento destacaremos una muestra que abarca el *Quinteto para piano y viento K 452* de Mozart el *Octeto op. 103* para vientos de Beethoven, los *Octeto-Partita* de Krommer y Hummel, el *Quinteto para clarinete y cuerdas* de Brahms, Mládi para sexteto de vientos de Janacek, el *Quinteto para vientos* de Barber, el *Quinteto para viento* de Malcolm Arnold o el *Sexteto para piano y viento* de Poulenc.

■ La serenata

Hemos mencionado como ejemplo de quinteto de cuerdas la serenata *Eine Kleine Nachtmusik* de Mozart, una de las obras más populares de todo el repertorio clásico. La *serenata* (del italiano *sera*, tarde, o quizá de *sereno*, tranquilo) nació en el siglo XVIII como una forma de *divertimento*, obra musical de carácter alegre interpretada por varias piezas cortas de ritmo y tempo variable, escritas para un conjunto instrumental reducido, cuya finalidad era amenizar fiestas y celebraciones familiares. En el período clásico destacan las serenatas de Mozart y Beethoven, en el romántico las dos de Dvorak (una para cuerdas y otra para vientos), las de Chaikovski y Elgar para orquesta de cuerdas, y las más sinfónicas de Brahms.

2. LA SUITE

Como hemos comentado, posiblemente la primera manifestación musical del homo sapiens prehistórico fuesen sonidos rítmicos producidos por instrumentos de percusión como huesos, palos o piedras, o por sus propias manos y voces. Y también es muy posible que de esa música primitiva surgiera el impulso de mover el cuerpo acompasadamente, es decir, de bailar. La danza acompañada por el ritmo, por tanto, sería la primera manifestación artística del ser humano.

En todas las civilizaciones antiguas la danza cumplía dos funciones, una mágico-religiosa destinada a las ceremonias sagradas y otra festiva para diversión popular.

Con anterioridad a la época musical que denominamos Barroco (*grosso modo*, el siglo y medio transcurrido entre 1600 y 1750) surgieron en diversos países de Europa occidental diversas danzas populares que con el tiempo fueron perdiendo la finalidad de animar con bailes lo mismo salones palaciegos que las plazas de los pueblos, para convertirse en piezas de una de una de las formas musicales barroca por excelencia: la suite (del francés *suite* = después, seguido).

La suite barroca está integrada por varias danzas, precedidas por un preludio, escritas con estructura binaria (no confundir con ritmo binario) y en la misma tonalidad. Por la alternancia contrastante de secciones rápidas y lentas, los cambios de tonalidad y el primitivo desarrollo temático que exhiben algunas de las danzas, la suite está considerada como un antecedente inmediato de la estructura sonata.

Las danzas integrantes de la suite son:

- Habituales:
    - *Allemande:* de origen alemán, es la primera danza tras el opcional preludio. Su tempo es moderado y su métrica en 2 ó 4 tiempos.
    - *Courante:* tempo rápido, en ritmo ternario 3/2 ó 3/4.
    - *Sarabande:* de posible origen español (zarabanda), melodía expresiva y lenta con ritmo 3/4.
    - *Giga:* de origen inglés, rápida y en compases 6/8 ó 12/8. Es la danza final de la suite típica.
- Inconstantes:
    - *Menue*t (Minueto): de origen francés, en ritmo ternario.
    - *Bourrée:* también de origen francés, en ritmo cuaternario y tempo rápido.
    - *Air* (aria): de origen inglés, en ritmo binario.
    - *Gavotte:* origen francés, de ritmo binario.

En la literatura musical barroca destacan dos tipos de suites: las escritas para un instrumento solista (violín, violonchelo, instrumento de teclado) o para un conjunto instrumental. Los compositores de suites barrocas más notables fueron François Couperin, Georg Philipp Telemann, Jean-Philippe Rameau, Georg Friedrich Händel y Johann Sebastian Bach. A continuación se ofrece un ejemplo de cada tipo.

SUITES PARA CLAVECÍN DE G.F. HÄNDEL INTERPRETADAS POR PIERRE HANTAÏ.

SUITES ORQUESTALES DE J.S. BACH. FREIBURGER BAROCKORCHESTER.

La irrupción de la sonata como estructura formal predilecta de los compositores a partir de Haydn y sus precursores a mediados del siglo XVIII relegó la suite barroca a música del pasado, aunque, como veremos, dejó su impronta en la sinfonía, previo paso por la mencionada serenata o divertimento. Sin embargo, un siglo más tarde el término «suite» renació para calificar a una serie de piezas orquestales compuestas con nuevos lenguajes musicales bien distintos del barroco.

Algunas suites modernas son obras compuestas como tales y con ese nombre, como las suites para orquesta de Chaikovski, la *Suite Holberg* de Edward Grieg (que recupera los nombres de las antiguas danzas barrocas) y la Suite Escita de Sergéi Prokofiev, la *Suite Bergamasque* de Claude Debussy o las suites para piano *El rincón de los niños* de este último, la *Suite Iberia* de Isaac Albéniz o la *Dolly Suite* de Gabriel Fauré (a cuatro manos).

Otras suites consisten en una selección de piezas extraídas de obras más extensas, como ballets (suites de *Cascanueces*, *La bella durmiente* y *El lago de los cisnes* de Chaikovski), óperas (*Carmen* de Georges Bizet, *El gallo de oro* de Nikolái Rimski-Korsakof) o música incidental (*Peer Gynt* de Grieg, *La Arlesiana* de Bizet).

3. EL POEMA SINFÓNICO

Considerar el poema sinfónico como una forma o estructura musical es en cierto modo un contrasentido, pues su característica principal es justamente la libertad que proporciona la imaginación, aplicada a la creación musical liberada de los moldes clásicos, aunque sujeta siempre a una idea, filosófica, poética o literaria, a modo de «argumento» de la música calificada de *programática* por ajustarse a un guion extramusical.

Como su apellido indica, (aunque el originario alemán es *Tondichtung*, «poema tonal»), el poema sinfónico es una obra para la gran orquesta, en un solo movimiento, igual que la obertura sinfónica. Aunque pueden encontrarse obras precursoras en Mendelssohn, Schumann, Berlioz e incluso Beethoven, el creador de esta modalidad de género orquestal fue Franz Liszt. A la cabeza de la llamada «Trinidad Romántica» (junto con Berlioz y Wagner), Liszt también compuso sonatas, sinfonías y conciertos, pero liberado de los corsés estructurales de estas formas clásicas. El más conocido de sus doce poemas sinfónicos es *Los Preludios*, del que hablamos en el capítulo de la sintaxis musical. Merece la pena reproducir aquí su «programa» como ejemplo de idea inspiradora, ajena a la música, cuya conclusión queda resumida en las primeras frases de la «meditación poética» de Alphonse de Lamartine:

¿Qué es nuestra vida, sino una serie de preludios a una canción desconocida, de la cual la primera nota solemne es la que hace sonar la muerte? El amanecer encantado de toda existencia está anunciado por el amor, y sin embargo, ¿en el destino de quién no están interpretados los primeros latidos de la felicidad por tormentas cuyas violentas ráfagas disipan las más caras ilusiones del Ser, consumiendo su altar con un fuego fatal?

Con este guion filosófico-poético, Liszt elabora una página sinfónica a partir del motivo de tres notas del que nos ocupamos en aquel capítulo, el cual experimentará una serie de «metamorfosis» a lo largo de la obra. Sin solución de continuidad, se van sucediendo el sentimiento de felicidad juvenil, la bucólica naturaleza, el «encantado amanecer a toda vida» y la tormentosa lucha por la vida que finalmente parece triunfar sobre la muerte. Estos episodios son indicados en la partitura con indicaciones de carácter tan expresivas como *Allegro tempestuoso*, *Allegretto pastoral* o *Allegro marziale*.

La lista de poemas sinfónicos compuestos después de Liszt y de sus autores sería exhaustiva, pero entre los más célebres resaltemos los de Richard Strauss (*Así habló Zaratustra, Don Juan, Muerte y transfiguración* o su autobiográfica *Vida de héroe*); Dvorak (*La rueca de oro, La bruja del mediodía, El duende del agua*); Franck (*El cazador maldito*); Chaikovski (*Romeo y Julieta, Capricho italiano, Francesca da Rimini*); Debussy (*Preludio a la siesta de un fauno*); Sibelius (*Finlandia, El cisne de Tuonela, En saga*); Saint-Saëns (*Danza macabra*); Mussorgski (*Una noche en el Monte Pelado*); Dukas (*El aprendiz de brujo*); Smetana (*Mi patria*, colección de seis poemas sinfónicos); Respighi (*Pinos, Fuentes y Festivales de Roma*) y Rachmáninov (*La isla de los muertos*). Schönberg fundió el poema sinfónico con la música de cámara en su *Noche transfigurada* para sexteto de cuerdas.

Resulta difícil escoger uno entre tantos, pero valdrá la pena escuchar el straussiano *Así habló Zaratustra*, basado en la obra homónima del filósofo Friedrich Nietzsche, que se estructura en

PRELUDIO (SALIDA DEL SOL) DE *ASÍ HABLÓ ZARATUSTRA*, DE STRAUSS. GIUSEPPE SINOPOLI DIRIGE A LA FILARMÓNICA DE NUEVA YORK.

nueve secciones. La primera, que expresa musicalmente la salida del sol a través de un resplandeciente acorde orquestal de *do mayor* reforzado por el órgano, se hizo famosa por el filme *2001, Odisea en el espacio* de Stanley Kubrik.

4. LA OBERTURA

Obertura es un término procedente del francés *ouverture*, que puede traducirse como «apertura». Y es que, inicialmente, la obertura fue una breve pieza orquestal que desempeñaba la función de dar paso a una obra de mayor duración, generalmente destinada al escenario, como la ópera, el oratorio, el ballet o la música incidental del teatro. Concretamente, el nacimiento de la obertura es consustancial al de la ópera, en Italia, a principios del siglo XVII. Era como una llamada de atención al público de que la obra iba a comenzar.

Con esta finalidad introductora, compositores del Barroco como Händel, del Clasicismo como Mozart y Beethoven, del Belcantismo como Donizetti, Bellini, Rossini, del Romanticismo como Verdi o Chaikovski y del Verismo como Leoncavallo o Mascagni e incluso autores germanos como Wagner y Strauss compusieron oberturas para sus óperas y oratorios, aunque en algunas utilizando otros términos para definir lo mismo, como Preludio (Vorspiel en alemán), Introducción (Einleitung), Prólogo y, en algunas óperas belcantistas, el equívoco nombre de Sinfonia.

Mas, a lo largo del siglo XIX, la obertura se desligó de la ópera para convertirse en una forma musical independiente, la obertura de concierto, por formar parte de conciertos de orquestas sinfónicas. Entre las más interpretadas: *El carnaval romano* (Berlioz), *Las Hébridas* (Mendelssohn), *Obertura para un festival académico* y *Obertura trágica* (Brahms), *Obertura Fausto* (Wagner), *Obertura 1812* (Chaikovski) o la *Obertura sobre temas hebreos* (Prokofiev).

■ El lío de las Leonoras

Desde el punto de vista de la estructura, muchas oberturas fueron compuestas siguiendo el esquema formal de la sonata. Un buen ejemplo es la *Obertura Leonora nº 3, op. 72a* que Beethoven compuso en 1807, y cuyas vicisitudes merecen un párrafo aparte.

Beethoven compuso once oberturas. Una, como introducción al ballet *Las criaturas de Prometeo* y cinco a obras dramáticas (*Coriolano, Egmont, Las ruinas de Atenas, El rey Esteban*); dos conmemorativas (*La consagración del hogar* y la menos conocida *Para el aniversario*), y nada menos que cuatro para su única ópera, *Fidelio o el amor conyugal*, inicialmente titulada *Leonora*. El estreno de esta ópera en la Viena ocupada por Napoleón (1805) fue un fracaso y su revisión posiblemente causó a Beethoven más quebraderos de cabeza que ninguna otra de sus obras. Entonces sonó la obertura que hoy conocemos como *Leonora nº 2*, pero para su exitoso reestreno en 1806 compuso otra, *Leonora nº 1*. Tras retirar la obra y revisarla de nuevo, para el segundo reestreno (1814) compuso una tercera, conocida como *Leonora nº 4*, que es la que hoy se interpreta como obertura de Fidelio. Beethoven reelaboró además la *Leonora nº 2*, y la nueva versión es la conocida como *Leonora nº3*, considerada la mejor de las cuatro, la cual en algunas representaciones de la ópera se incluye como introducción al segundo acto, aunque también se interpreta como obertura de concierto, un verdadero *tour de force* para cualquier orquesta sinfónica.

Esta soberbia muestra del genio beethoveniano rebosa las principales características, tanto de su estilo, enérgico y apasionado y de sus ideales de libertad y dignidad humana frente a la opresión. Desde el punto de vista estructural, Beethoven siguió el esquema de la sonata: introducción, primer y segundo temas, desarrollo y reexposición. Como rasgo característico de las oberturas, Beethoven incluyó un episodio ajeno a la temática, relacionado con el momento de máximo dramatismo de la obra: el toque de trompeta (desde fuera del escenario) que anuncia la llegada del Ministro de Justicia, dispuesto a impartirla liberando a Florestán y a los demás presos del malvado director de la prisión, Don Pizarro.

OBERTURA *LEONORA Nº 3* DE BEETHOVEN. ORQUESTA FILARMÓNICA DE VIENA, DIRIGIDA POR LEONARD BERNSTEIN.

Disfrute de una excelente interpretación (excelentemente filmada) de esta inconmensurable obertura beethoveniana por la Orquesta Filarmónica de Viena bajo la dirección de Leonard Bernstein.

Es interesante resaltar un aspecto de la obertura relacionado con nuestro siguiente capítulo. A las piezas introductoras de las primeras óperas los compositores no las llamaron oberturas sino *toccata* (Monteverdi) o *sinfonia* (Cesti, Cavalli), que constaban de dos secciones, lenta y rápida. Durante el período barroco tomaron forma dos tipos diferentes de obertura, ambas de estructura ternaria: la francesa (Lully), cuya secuencia era lento-rápido-lento, y la napolitana (Alessandro Scarlatti), a la inversa: rápido-lento-rápido, esquema estructural del minueto que formará parte de la sinfonía como movimiento intermedio.

5. LA SINFONÍA

El nacimiento de la reina de las formas musicales, la sinfonía, fue la consecuencia de la confluencia de varios factores determinantes: la evolución de formas anteriores y el desarrollo instrumental.

Con respecto a la evolución de formas preexistentes, la sinfonía es deudora de la obertura y de la suite barroca. Pero su gran aportación estructural, el desarrollo de la estructura sonata, la consolidó como la gran forma musical a partir de Haydn y Mozart y su prestigio no decayó en los dos siglos siguientes como demuestran las sinfonías compuestas en el XX por Prokofiev, Rachmaninov, Shostakovich, Szymanowski, Lutoslawski, Penderecki, Vaughan Williams, Górecki, Schnittke, Honneger, Nielsen, Sibelius o Tippet.

Joseph Haydn está reconocido como «el padre de la sinfonía» por haber definido la estructura del género en cuatro movimientos (inicialmente las compuso en tres), de acuerdo con el siguiente esquema clásico:

- El primer movimiento puede estar precedido de una introducción lenta y su tempo es rápido, habitualmente *Allegro*, y sigue la estructura sonata que ya conocemos.
- El segundo movimiento es más lento, *Andante* o *Adagio*, y puede adoptar diversas estructuras, como el *lied* o el *tema con variaciones*.
- El tercer movimiento fue inicialmente un *minueto*, heredero de la suite, con su estructura ternaria A-B-A (la sección central se llama Trío porque inicialmente se confiaba a tres instrumentos); Beethoven lo sustituyó por el *scherzo*, con el mismo esquema. El tempo es moderadamente rápido, aunque su característica principal es su carácter «juguetón».
- El cuarto movimiento es rápido o muy rápido (*Allegro*, *Presto*) y su estructura puede ser sonata, rondó o tema con variaciones.

La siguiente tabla comparativa presenta diez ejemplos de sinfonías compuestas entre los siglos XVIII y XX, que muestran la persistencia de la forma sinfónica en cuatro movimientos contrastantes, a pesar de la evolución estilística de la música a lo largo de doscientos años, y de la fascinación que el desarrollo temático sinfónico ha ejercido en los compositores.

Compositor	Nº Sinfonía	I	II	III	IV
Haydn	44 (1771)	Allegro con brio	Adagio	Menuetto	Presto
Mozart	40 (1788)	Molto allegro	Andante (Allegretto)	Menuetto	Allegro assai
Beethoven	3 (1805)	Allegro con brio (Adagio assai)	Marcha fúnebre) (Allegro vivace)	Scherzo molto	Allegro
Schubert	6 (1828)	Adagio / Allegro	Andante	Scherzo (Presto)	Allegro
Schumann	1 (1841)	Andante / Allegro molto vivace	Larghetto	Scherzo	Allegro animato
Chaikovski	4 (1878)	Andante sostenuto / Moderato con anima	Andantino in modo canzona	Scherzo (Pizzicato ostinato)	Allegro con fuoco
Brahms	3 (1883)	Allegro con brio	Andante	Poco allegretto	Allegro
Mahler	6 (1906)	Allegro energico ma non troppo	Scherzo	Andante	Allegro moderato
Nielsen	4 (1916)	Allegro	Poco allegretto quasi andanre	Poco adagio	Allegro
Prokofiev	5 (1944)	Andante	Allegro marcato	Adagio	Allegro giocoso
Vaughan Williams	6 (1948)	Allegro	Moderato (Allegro vivace)	Scherzo (Moderato)	Epílogo

Pero no todas las sinfonías constan de cuatro movimientos. Beethoven fue el primero en romper la tradición añadiendo un quinto movimiento a la Sexta Sinfonía y a la Novena, donde por vez primera interviene la voz (cuatro solistas y coro). Después de él otros compositores añadieron o restaron movimientos a sus sinfonías. De estos, destaca Gustav Mahler: solo cuatro de sus diez sinfonías suman cuatro tiempos; oscilan entre los dos de la Octava y los seis de la Tercera y de *La Canción de la Tierra*. La *Quinta Sinfonía* de Nielsen consta de dos movimientos, la *Tercera Sinfonía «Divino Poema»* de Scriabin de tres, la *Séptima Sinfonía* de Vaughan-Williams de cinco, etc.

LAS «OTRAS» SINFONÍAS

Aparte de las sinfonías «formales» como las que acabamos de mencionar, hay otras composiciones sinfónicas que podríamos calificar de atípicas, igualmente estructuradas en varios movimientos, pero alejadas del esquema formal convencional.

- Hector Berlioz *Sinfonía fantástica*, *Sinfonía fúnebre y triunfal*, la «sinfonía dramática con coros» *Romeo y Julieta* y la «sinfonía en cuatro partes con viola principal» *Harold en Italia*.
- Franz Liszt Sinfonía *Fausto* y *Sinfonía Dante*.
- Richard Strauss compuso dos obras sinfónicas: *Sinfonía Doméstica* y *Sinfonía Alpina*, la primera autobiográfica y la segunda descriptiva.
- La *Novena Sinfonía* —no numerada así por superstición— de Gustav Mahler, *Das Lied von der Erde*, consta de seis movimientos que contienen sendas canciones para voz solista y orquesta, la última de las cuales (*Der Abschied*, «La despedida») dura como todas las anteriores.
- En su *Sinfonía nº 14* para cantante solista y orquesta, Dmitri Shostakovich puso música a once poemas que versan sobre la muerte, de autores tan diferentes como Apollinaire, Küchelbecker, Rilke y García Lorca.
- La *Sinfonía de los Salmos* en tres movimientos de Igor Stravinski utiliza textos de la Biblia para ilustrar las tres virtudes teologales: caridad, esperanza y fe (por este orden).
- Los cuatro movimientos de la breve *Sinfonía Simple* de Benjamin Britten para orquesta de cuerda están elaborados con temas de obras compuestas en la infancia del compositor.

Más que sinfonías atípicas, estas obras son más bien poemas sinfónicos, ya que se ajustan a un programa extramusical que, como venimos insistiendo, no es necesario conocer ni tener en cuenta para disfrutar de su música.

6. EL CONCIERTO

En relación con la música, el término «concierto» posee dos significados distintos: interpretación pública de una obra musical y composición para uno o varios instrumentos solistas y orquesta, que es la que ahora nos ocupa.

Después de la sinfonía, el concierto es la forma musical para gran orquesta más importante. Simplificando las cosas, el concierto es una sinfonía privada de uno de sus movimientos centrales, el minueto o scherzo, para adoptar los tres restantes un esquema clásico invariable: rápido-lento-rápido, aunque quizá sería más exacto: fuerte/denso-lírico-alegre/ligero.

Pero la característica más significativa del concierto es el protagonismo solista de un instrumentista virtuoso (o más de uno, como veremos) que no pertenece a la plantilla orquestal, sino que actúa como una especie de «artista invitado» de honor, situado delante de la orquesta, junto al podio del director, para exhibir su dominio sobre el instrumento sosteniendo entre él y todos los demás, en distintos pasajes del concierto, un cordial diálogo, una encarnizada lucha o una lírica comunión de sentimientos.

Tomando prestado de la Biblia un símil, han existido dos épocas doradas de esta forma musical: el Barroco sería como el Antiguo Testamento del concierto, y la época Clásico-Romántica, el Nuevo.

▪ El *concerto grosso*

Como las otras formas musicales del período barroco, el concierto nació de la mano de los progresos en la fabricación de instrumentos que posibilitaron su desarrollo. De la música *solista* (para laúd, órgano, viola, vihuela) imperante desde el Renacimiento se fue pasando a la música *concertada*, en la que participan varios instrumentos. El *stilo concertato* preexistente en la música vocal se trasladó a la instrumental y acabó cristalizando en el llamado concerto grosso («concierto grande»). Aunque el honor se le ha atribuido a Arcángelo Corelli, el violinista-compositor Giovanni Lorenzo Gregori fue el primero en utilizar el término en 1698 para denominar una obra suya. Además de estos, otros compositores como Bach, Vivaldi, Händel, Sammartini y Telemann cultivaron esta forma musical, resucitada en el siglo XX por autores como Bloch y Schnittke.

En esta forma concertante se oponen dos grupos instrumentales: uno más reducido, llamado *concertino*, y otro más numeroso, el *ripieno* o *tutti*, más el bajo continuo. Los instrumentos que forman el primero varían de una obra a otra.

- En los *12 Concerti Grossi* de Corelli (ocho *da chiesa*, «de iglesia» y 4 *da camara*), el concertino lo forman dos violines y un violonchelo, y el ripieno violines, viola, violonchelo y contrabajo. Cada concierto consta de cuatro a seis tiempos, que consisten en danzas como las que integran la suite: allemande, courante, zarabande, gigue y otras.
- Bach compuso los Seis Conciertos de Brandemburgo «adaptados a ciertos instrumentos». Los nº 2, 4 y 5 adoptan la forma de *concerto*

grosso, con el *ripieno o tutti* integrado por cuerda (violines, viola, violonchelo, bajo contínuo-clavecín) y el *concertino* trompeta, flauta, oboe y violín (nº 2), dos flautas y violín (nº 4) y violín, flauta y clavecín (nº 5).

En el Clasicismo surgió una forma intermedia entre la sinfonía y el concierto: la **sinfonía concertante**, en la que varios instrumentos se destacan en primer plano y dialogan con la orquesta con independencia de instrumentos similares integrados en ella, aunque ninguno con el protagonismo de un solista. Su esquema es como el del concierto: tres movimientos, rápido-lento-rápido. Por tanto, formalmente podrían considerarse sinfonías concertantes el *Concierto para dos violines BWV 1043* de Bach, el *Concierto para flauta y arpa* de Mozart, el *Triple Concierto para violín, violonchelo y piano* de Beethoven o el *Doble concierto para violín y violonchelo de Brahms*. Sin embargo, las sinfonías concertantes conocidas con tal nombre son las que compusieron los hijos de Bach, Carl Philipp Emanuel y Johann Christian, los músicos de la preclásica Escuela de Mannheim y Mozart, para violín y viola, violín, viola y violonchelo, oboe, clarinete, trompa y fagot y piano, violín y orquesta.

■ El concierto para instrumento solista

El perfeccionamiento de los instrumentos musicales los dotó de recursos técnicos extraordinarios que dieron lugar a la aparición de un intérprete especial: el virtuoso, concepto que en los siglos anteriores ya se aplicaba a los ejecutantes cuyo instrumento era su voz. Así, a lo largo del siglo XVIII, la forma concertante para varios instrumentos y orquesta dio paso al *concerto a soli* o concierto para orquesta y un instrumento solista que en manos del intérprete mostraba todas sus posibilidades técnicas y expresivas.

François Couperin y más tarde Johann Sebastian Bach y su hijo Carl Philipp Emanuel compusieron conciertos para teclado (clave) y orquesta de cuerdas en tres movimientos siguiendo el clásico esquema tripartito. Pero fue Joseph Haydn quien fijó la forma del concierto clásico que Mozart y Beethoven llevarían a la cima y que continuaría dando frutos durante los siglos XIX y XX.

El esquema típico de un concierto comprende un primer movimiento rápido con estructura sonata, un segundo más lírico, adoptando con frecuencia la forma de lied, y un tercero rápido, con estructura de rondó o de variaciones.

Haydn compuso conciertos para teclado, trompeta, oboe, violín y violonchelo. Mozart, veintisiete para piano, cinco para violín, cuatro para trompa, dos para flauta y uno para oboe, fagot y clarinete. Beethoven, cinco para piano, uno para violín y el mencionado triple concierto.

De la lista interminable de conciertos compuestos durante las épocas romántica y postromántica para los tres instrumentos solistas principales hay que destacar:

- Para piano: el de Schumann, los dos de Chopin, el nº 1 de Chaikovski, los dos de Brahms, los dos de Liszt, el de Grieg, los nº 2 y 3 de Rachmáninov, el concierto en sol de Ravel, el nº 3 de Prokofiev, el nº 2 de Bártok, el de Busoni (con coro), el de Scriabin y el nº 2 de Shostakóvich.
- Para violín: los de Beethoven, Mendelssohn, Paganini, Chaikovski, Brahms, el nº 1 de Max Bruch, el nº 2 de Bártok, el nº 2 de Saint-Saëns, el nº 1 de Shostakóvich y los de Sibelius y Berg.
- Para violonchelo: los de Schumann, Dvorak, Elgar, Dutilleux y Shostakóvich.

Por si su intervención como solista destacado en el concierto no fuera suficiente para mostrar su habilidad, el solista de concierto dispone de un momento de protagonismo absoluto, un «¡dejadme solo!» en el que la orquesta calla y la obra se detiene para que el pianista, violinista o clarinetista exhiban sus cualidades virtuosísticas: la cadencia. Situada entre la reexposición y la coda del primer movimiento, la cadencia fue en principio una improvisación desarrollada por el intérprete sobre los temas expuestos para mostrar su virtuosismo, pero con el tiempo se produjeron abusos y los compositores acabaron fijando en la partitura sus propias cadencias. La cadencia comienza cuando la orquesta se detiene para para dar paso al solista y típicamente finaliza con un prolongado trino de su instrumento solista que devuelve la voz a la orquesta.

Escuchemos la cadencia del *Allegro con brio* del tercer concierto para piano de Beethoven, que comienza en el minuto 13:10 de la siguiente grabación.

CONCIERTO PARA PIANO Y ORQUESTA Nº 3 DE BEETHOVEN. MARIA JOAO PIRES, PIANO. DANIEL HARDING DIRIGE A LA ORQUESTA SINFÓNICA DE LA RADIO SUECA.

■ Los otros solistas

Además de los tres instrumentos mencionados, se han compuesto conciertos para prácticamente todos los instrumentos de la orquesta, de los que se ofrece una selección por instrumentos y compositores:

- Instrumento de madera y orquesta:
  - ◆ *Oboe:* Martinu, Marcello, Vaughan-Williams, Mozart, Strauss.
  - ◆ *Clarinete:* Mozart, Crusell, Spohr, Weber, Copland.
  - ◆ *Flauta:* Mozart, Vivaldi, Michael y Joseph Haydn.
  - ◆ *Fagot:* Vivaldi, Mozart, Rossini, Weber, Hummel.

- Instrumentos de metal y orquesta:
  - ◆ *Trompa:* Mozart, Telemann, Haydn, Strauss.
  - ◆ *Trompeta:* Haydn, Albinoni, Hummel, Neruda.
  - ◆ *Trombón:* Albrechtsberger, Wagenseil, Michael Haydn, Leopold Mozart, Frisch.
  - ◆ *Tuba:* Vaughan-Williams, Steptoe, Golland.

- Instrumentos de cuerda:
  - ◆ *Viola:* Stamitz, Walton, Vivaldi.
  - ◆ *Contrabajo:* Bottesini, Koussevitzky, Vanhal.

- Instrumentos de percusión:
  - ◆ *Varios:* Schhwantner.
  - ◆ *Marimba:* Koppel, Levitan, Hall.
  - ◆ *Timbales:* Gabriela Ortiz.
  - ◆ *Castañuelas:* Rodrigo.

- Guitarra y mandolina: Rodrigo, Giuliani, Vivaldi.

- Arpa: Händel, Boieldieu, Dittersdorf, Glière.
- Otros instrumentos de teclado:
  - *Clave:* Bach, Falla
  - *Órgano:* Händel, JC Bach, Vivaldi, Lucchesi.

- Varios instrumentos y orquesta:
  - *Flauta y arpa:* Mozart.
  - *Piano, violin y violonchelo:* Triple Concierto de Beethoven.
  - *Violín y violonchelo:* Doble Concierto de Brahms.
  - *Varios pianos:* Mozart
  - *Piano, violín y cuerda:* Chausson.

Las formas vocales

■ La voz humana

En el capítulo dedicado a la Altura de los sonidos ya explicamos qué es la tesitura y ofrecimos algunos datos básicos sobre las frecuencias de las seis cuerdas o registros principales que resultan según los tramos, de más grave a más aguda: contralto, mezzosoprano y soprano, las femeninas, y bajo, barítono, tenor y contratenor, las masculinas. Ahora nos interesa analizar la voz humana desde un punto de vista artístico; es decir, hablemos de canto lírico.

En aquel capítulo nos referimos a la relación entre la longitud de las cuerdas vocales de un cantante y su extensión vocal. Dentro de cada uno de estos registros vocales hay matices que distinguen diversas subcategorías, que resumimos en la siguiente tabla, con ejemplos de personajes operísticos y de célebres cantantes pertenecientes a cada una de ellas.

Cuerda	Tipo	Personajes	Cantantes
Soprano	coloratura	Lisa (La Sonnambula/Bellini)	Joan Sutherland
	dramática	Aida (Verdi)	Jessye Norman
	falcon	Kundry (Parsifal/Wagner)	Waltraud Meier
	ligera	Lakmé (Delibes)	Natalie Dessay
Mezzosprano	dramática	Clitemnestra (Elektra/Strauss)	Fiorenza Cossotto
	lírica	Carmen (Bizet)	Elina Garanča
	ligera	Desdémona (Otello/Verdi)	Kiri te Kanawa
Contralto	dramática	Ulrica (Un ballo in maschera/Verdi)	Elena Obratzsova
	coloratura	Tancredi (Rossini)	Marilyn Horne
Contratenor	soprano	Orfeo (Orfeo y Eurídice/Gluck)	Philippe Jaroussky
	mezzo	Serse (Serse/Händel)	Andreas Scholl
	contralto	Corindo (Orontea/Cesti)	René Jacobs
Tenor	heroico	Sigfrido (Wagner)	Lauritz Melchior
	dramático	Otello (Verdi)	Mario del Mónaco
	lírico spinto	Mario Cavaradossi (Tosca/Puccini)	Plácido Domingo
	lírico ligero	Romeo (Romeo y Julieta/Gounod)	Alfredo Kraus
	ligero	Almaviva (El barbero de Sevilla /Rossini)	Juan Diego Flórez
	bufo	Mime (Sigfrido/Wagner)	Heinz Zednik
Barítono	dramático	Rodrigo (Don Carlo/Verdi)	Ettore Bastianini
	lírico	Simon Bocanegra /Verdi)	Dmitri Hvorostovski
	verdiano	Rigoletto (Verdi)	Leo Nucci
	baritenor	Peter Grimes (Britten)	Gregory Kunde
	bufo	Dulcamara (El elixir de amor/Donizetti)	Geraint Evans
Bajo	profundo	Boris Godunov (Mussorgski)	Boris Christoff
	bajo-barítono	Wotan (El Anillo del Nibelungo/Wagner)	Hans Hotter

Escuchemos ahora ejemplos sonoros de los siete registros vocales básicos.

SOPRANO. *WIEGENLIED* DE RICHARD STRAUSS. MONTSERRAT CABALLÉ Y ORQUESTA NACIONAL DE FRANCIA DIRIGIDOS POR LEONARD BERNSTEIN.

MEZZOSOPRANO. ARIA *MON COEUR S'OUVRE A TA VOIX* DE SAINT-SAËNS. ELINA GARANČA Y ORQUESTA DEL TEATRO COMUNAL DE BOLONIA DIRIGIDA POR YVES ABEL.

CONTRATENOR. ARIA *FRÀ LE PROCELLE* DE VIVALDI. PHILIPPE JAROUSSKY Y ENSEMBLE MATHEUS DIRIGIDOS POR JEAN-CRISTOPHE SPINOSI.

CONTRALTO. *RAPSODIA PARA CONTRALTO Y CORO DE HOMBRES* DE BRAHMS. KATHLEEN FERRIER Y FILARMÓNICA DE LONDRES DIRIGIDA POR CLEMENS KRAUSS.

TENOR. ARIA *CELESTE AIDA* DE VERDI. PLÁCIDO DOMINGO Y LA ORQUESTA DE LA SCALA DE MILÁN DIRIGIDOS POR CLAUDIO ABBADO.

BARÍTONO. CANZONETTA DE *LAS BODAS DE FIGARO* DE MOZART. BRYN TERFEL Y LA FILARMÓNICA DE LONDRES DIRIGIDOS POR GEORG SOLTI.

BAJO. *MONÓLOGO DE PIMEN* DE MUSSORGSKI. BORIS CHRISTOFF Y LA PHILARMONIA ORCHESTRA DIRIGIDOS POR NICOLAI MALKO.

Como hemos señalado, el hombre ha cantado desde que descubrió su capacidad de entonar, es decir, de emitir sonidos afinados con su voz. Junto con los de percusión idiófonos primitivos (huesos, madera, piedras), la voz humana fue el primer instrumento musical de la prehistoria.

En las tragedias griegas escritas a partir del siglo V a.C. el canto desempeñaba un papel fundamental en el desarrollo del drama, donde el coro actuaba como un personaje más. Guiado por el corifeo, además de la lírica, el coro griego cumplía otras funciones como explicar la acción dramática, otorgarle continuidad y moralizar sobre la conducta de los personajes.

Como ya sabemos también, tras la caída del Imperio de Occidente, el canto romano dio paso a la monodia del canto llano *a cappella* y en latín cuyo máximo exponente es el gregoriano. Desde entonces, la música coral se desarrolló primero como música religiosa ligada a la liturgia y más tarde profana, durante el Renacimiento. A partir del siglo XVII, los coros participan en las principales formas musicales para solistas, orquesta y coro: la misa (ordinaria y de difuntos), el oratorio y la ópera y demás espectáculos escénicos.

Pero ahora interesa destacar tres formas musicales que tienen una sola voz como protagonista vocal: el recitativo, el aria y el lied. De los dos primeros nos ocuparemos en el capítulo dedicado a la ópera, de modo que hablemos del lied.

■ El lied

En lengua alemana, *lied* significa simplemente «canción». Por tanto, las *chansons* de los juglares y madrigalistas medievales, las *mélodies* de Fauré o Ravel, las canciones populares de Falla o los *songs* de Britten o Elgar también deberían considerarse *lieder* (plural de *lied*). Sin embargo, este término se utiliza en todos los idiomas para definir un tipo específico de composición breve para voz solista y acompañamiento de piano u orquesta, que se desarrolló sobre todo en el mundo musical germánico durante el siglo XIX y buena parte del XX: el lied romántico. Y, aunque el lied ya existía en los períodos barroco y clásico, por razones de espacio nos limitaremos a repasar la tradición liederística alemana desde Beethoven a Richard Strauss.

El lied alemán procede de la canción popular *(volklied)* pero con el tiempo se fue transformando en una creación musical más sofisticada y «artística» *(kunstlied)*.

La característica más sobresaliente del lied es la íntima compenetración entre música y texto, siempre poético, es decir, refiriéndonos a los dos componentes musicales típicos del lied, entre la voz y el piano. Por un lado, la melodía del lied huye de toda exhibición virtuosística, más propia de las arias de ópera belcantistas compuestas al mismo tiempo que los lieder de Schubert. Los lieder no se escribieron para el teatro sino para el salón, y por tanto son por naturaleza intimistas; no era necesario aplicar una gran potencia sonora a la voz de la soprano o el barítono para llenar el volumen de una habitación, por espaciosa que fuese. Por el contrario, el contraste dinámico, el control del *fiato* («aliento», la capacidad de emisión sin tomar aire) o el fraseo exquisito son habilidades técnicas fundamentales del buen cantante de lied.

MORGEN, DE RICHARD STRAUSS. MARGARET PRICE, SOPRANO, Y WOLFGANG SAWALLISCH, PIANO.

En lo que al piano se refiere, su papel no se limita a un mero «acompañamiento» o soporte armónico de la melodía. La música del lied es tan importante, y muchas veces tan difícil y exigente como la parte vocal y la interdependencia de ambos resulta inseparable. Como ejemplo, escuchemos uno de los lieder más hermosos que se han compuesto, *Morgen* («Mañana»), de Richard Strauss, sobre un poema de John Henry Mackay[30], donde la voz se incorpora tras la exposición del tema por el piano, al que parece acompañar, en lugar de lo contrario.

Imagen de un recital de lieder en la Fundación Juan March de Madrid.
Christianne Sotijn, mezzosoprano, y Joseph Breinl, piano.

---

30. Mackay, homosexual y anarquista, autor de *Libros del amor sin nombre*, se inyectó una dosis letal de morfina en 1933 días después de la quema de «libros degenerados» por las juventudes nazis. Un hombre sin un mañana.

Los lieder propiamente dichos están escritos para voz solista, en cualquiera de los seis registros vocales, pero algunas canciones incluyen varias voces, como las *Canciones de amor de Brahms* o numerosas composiciones de Schubert.

Los grandes compositores de lieder agruparon muchos de ellos en ciclos con nombre propio o en colecciones con número de opus compartido. Los ciclos suelen incluir poemas de un mismo autor y respiran una misma atmósfera emocional e intención expresiva. Los ciclos de lieder más notables son los siguientes:

- *An die ferne Geliebte* (A la amada lejana), de Beethoven.
- *Goethe-Lieder, Die schöne Müllerin* (La bella molinera), *Winterreise* (Viaje de invierno) y *Schwanengesang* (Canto del cisne), de Schubert.
- *Dichterliebe* (Amor de poeta) y *Frauenliebe und Leben* (Amor y vida de mujer), de Schumann.
- *Canciones gitanas* y *Cuatro canciones serias*, de Brahms.
- *Mörike-Lieder* y *Spanisches Liederbuch*, de Hugo Wolf.
- *Lieder eines fahrendes Gesellen, Wunderhorn Lieder* y *Rückert Lieder*, de Mahler.
- *Cuatro últimos lieder*, de Richard Strauss.
- *Wesendonck Lieder*, de Wagner.

El lied romántico alemán más primitivo y elemental es el estrófico: una sencilla melodía acompañada por el piano se repite tantas veces como estrofas comprende el poema, sin cambios armónicos ni rítmicos (estructura A-A-A). El modelo estuvo influido por Goethe, cuya inmensa autoridad poética impuso la supeditación de la música al texto, como en el lied *Heidenröslein OP. 3 nº 3 D 257* en el que Schubert puso música a las tres estrofas del poema homónimo.

HEIDENRÖSLEIN, DE FRANZ SCHUBERT. BÁRBARA BONNEY, SOPRANO Y GEOFFREY PARSONS, PIANO.

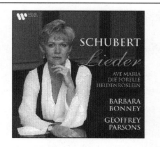

Otros esquemas habituales del lied son la tripartita (A-B-A), con una estructura exposición-desarrollo-reexposición en miniatura, y el lied-rondó (A-B-A-C-A), con alternancia de un estribillo (A) y varias coplas.

▪ Música coral

Existe una abundancia de obras musicales clásicas en las que interviene un coro, es decir, una agrupación de cantantes sin protagonismo solista de ninguno. Un coro mixto típico reúne cuatro de las tesituras clásicas que participan en el propiamente llamado *coral*: sopranos, contraltos, tenores y bajos, aunque hay obras para o con coro en las que intervienen además mezzosopranos y barítonos, o solo voces blancas (mujeres y niños), o solo varones, o niños (escolanía), de cámara (menos de veinte cantantes) o grandes masas corales (coro sinfónico, orfeón), y todo ello *a cappella* o con acompañamiento instrumental y de voces solistas.

Desde el punto de vista de su función dentro de la obra, los compositores han utilizado el coro sobre todo en música para la escena (ópera, oratorio), pero también en composiciones para orquesta, coro y solista (rapsodias, cantatas), formando parte de sinfonías como la *Novena Sinfonía «Coral»* de Beethoven o la Segunda, «Resurrección», y Octava, «de los Mil», de Mahler.

Pero el empleo más importante del coro en música clásica siempre fue al servicio de la liturgia de las religiones cristianas o en composiciones sobre temas bíblicos o religiosos, desde el canto gregoriano hasta el siglo XX. Por tanto, nos detendremos con más tiempo en este fecundo género denominado música sacra.

LAS SAGRADAS FORMAS

A raíz de la adopción del cristianismo como religión oficial del Imperio Romano en el siglo IV, durante los siguientes la Iglesia católica detentó el monopolio de la música, a la que se aplica el calificativo de sacra. En capítulos anteriores hemos visto cómo la Iglesia de Roma prohibió la música instrumental y sólo permitió el canto monódico con el fin de hacer llegar a los analfabetos creyentes lo importante: los textos litúrgicos.

El *canto llano* (una única línea melódica) entonado *a cappella* (al unísono) por excelencia fue la monodia gregoriana, que permaneció como única manifestación de la música sacra sin acompañamiento hasta la aparición de la polifonía y la introducción del órgano en los templos, documentada en el siglo IX y plenamente consolidada en el XIII como único instrumento permitido[31]. Si la utilidad de la música sacra era expresar las vivencias religiosas de los fieles, nada mejor para acompañarlas que el órgano, «cuyo sonido puede aportar un esplendor notable a las ceremonias eclesiásticas y levantar poderosamente las almas hacia Dios y hacia las realidades celestiales» (Concilio Vaticano II).

Desde sus comienzos y hasta la actualidad, la música sacra occidental ha producido formas musicales como el drama sacro, el motete, la cantata, el Magníficat, el Te Deum, el Stabat Mater, el oratorio, la pasión, la misa y el réquiem. Nos extenderemos un poco sobre todas ellas.

Desarrollado en la Alta Edad Media como recuperación de la actividad teatral en la Cristiandad, el **drama sacro-lírico** es la representación escenificada acompañada de música más antigua que se conoce. Fue una evolución del llamado drama litúrgico en sus modalidades *milagro*, *misterio* y *auto sacramental*, que la Iglesia utilizó para instruir sobre historia bíblica y adoctrinar al pueblo en los misterios de la fe. Se representaba en los templos, ocasionalmente convertidos en escenarios teatrales, pero tras varios siglos, el concilio católico ecuménico celebrado en Trento (1545-1563) acabó proscribiendo las representaciones en las iglesias y el drama sacro se trasladó a la calle. Con una excepción: una bula papal de Urbano VIII (1632) permitió continuar representando en iglesia el *Misteri d'Elx* («Misterio de Eche»), un drama sacro-lírico sobre la muerte, asunción y coronación de la Virgen María cuya música contiene monodias medievales y polifonía renacentista, que en 2001 fue declarado Patrimonio Inmaterial de la Humanidad por la UNESCO.

El **motete sacro** (pues también los hubo profanos) es una breve composición polifónica que surge en el siglo XIII como una evolución del *organum*, que nada tiene que ver con el instrumento de teclado. El organum, embrión de la polifonía contrapuntística, resultaba de superponer a la voz básica del canto gregoriano o tenor (de *tenere*, sostener) una segunda voz imitativa de la línea melódica, pero a un intervalo de quinta justa más aguda. Se mantuvo hasta el siglo XIII como piedra angular del *Ars Antiqua* cuya base fue la llamada Escuela de Notre Dame de París, primero como organum paralelo (repetición de ambas voces nota por nota) y más tarde como *discanto*, donde las voces siguen líneas diferentes que se alejan y

---

31. El órgano existía en Egipto antes de Cristo, en el siglo I pasó a Roma y tras la caída del Imperio de Occidente se mantuvo en el de Oriente, de donde regresó a Francia en el siglo VIII.

aproximan. El motete (de *mot*, palabra) añade textos que podían pertenecer a lenguas distintas, como el latín y el francés. Un ejemplo de motete religioso tardío es el etéreo *Ave verum corpus K 618* de Mozart, que podemos escuchar interpretado por sir Colin Davis dirigiendo a la Orquesta Sinfónica de Londres y Coros.

MOTETE *AVE VERUM CORPUS* DE MOZART.

Inicialmente el término **cantata** solo se refería a una obra cantada, en contraposición a la tocata. Como el motete, es una composición para una o más voces y órgano o conjunto instrumental, y también hubo cantatas profanas y religiosas, que proliferaron a partir de la Reforma protestante. Los músicos titulares de las iglesias debían componer una cantata para el oficio de cada domingo utilizando textos piadosos, por lo que su número debió de ser ingente, aunque muchas se han perdido. Entre las conservadas, destacan las 194 de Johann Sebastian Bach, muy variadas en cuanto a los recursos vocales e instrumentales disponibles en cada momento con los que Bach podía contar.

Una de las más célebres (y largas) es la Cantata *Herz und Mund und Tat und Leben, BWV 147*. Consta de varios recitativos, arias y corales agrupados en dos partes que se interpretaban antes y después del sermón dominical. El último coral, *Jesus bleibet meine Freude*, es uno de los más conocidos de cuantos compuso Bach.

JESUS BLEIBET MEINE FREUDE. CORO DEL KING'S COLLEGE.

Una forma «especializada» de cantata, menos extensa, es el **magnificat**, así llamado por utilizar como texto unos versículos del Evangelio de Lucas que comienzan con las palabras «Magnificat anima mea Dominum». Se cantaba antes del comienzo de la misa. Entre los más notables destacan los de los polifonistas españoles Cristóbal de Morales y Tomás Luis de Victoria, autores también de numerosos motetes.

MAGNIFICAT PRIMI TONI A 8 DE TOMÁS LUIS DE VICTORIA. MICHAEL NOONE DIRIGE EL ENSEMBLE PLUS ULTRA.

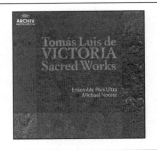

El **tedeum** es una composición sacra para voces e instrumentos cuya letra es la de un himno cristiano del siglo IV que comienza con el verso *Te Deum laudamus* («A Ti Dios alabamos»). En la tradición litúrgica católica, el tedeum es una oración cantada como acción de gracias que ha sobrevivido a todos los estilos y épocas desde el siglo XVI al XXI, con obras de Palestrina, Buxtehude, Salieri, Berlioz, Bruckner, Kodály, Penderecki o Guinovart. El fragmento más famoso es, sin duda, el Preludio del *Te Deum* en re mayor de Marc-Antoine Charpentier, una música olvidada durante siglos que en 1954 fue adoptada como sintonía de la Unión Europea de Radiodifusión (Eurovisión).

PRELUDIO DEL *TE DEUM* DE MARC-ANTOINE CHARPENTIER. WILLIAM CHRISTIE DIRIGE A LES ARTS FLORISSANTS.

Otro poema sacro medieval, que comienza con las palabras *Stabat mater dolorosa*, se convirtió primero en el texto de un himno litúrgico católico y más tarde todo un subgénero musical, el **stabat mater**, cultivado igualmente por multitud de compositores, desde el Renacimiento hasta la actualidad. Los más célebres e interpretados son los de cuatro compositores italianos: Pergolesi, Vivaldi, Boccherini y Rossini.

STABAT MATER DE PERGOLESI. CHRISTOPHER HOGWOOD DIRIGE LA ACADEMY OF ANCIENT MUSIC.

▪ El oratorio

La primera forma musical de temática sacra en gran formato es el **oratorio**. Como la ópera en versión concierto, que veremos más adelante, un oratorio es una obra dramática, generalmente en tres partes, para solistas, coro y orquesta en varios actos que se interpreta ante el público sin actuación, decorados ni vestuario. Nació en el siglo XVI y se desarrolló en Italia, Alemania y, gracias a Händel, en Inglaterra. Los textos narran historias bíblicas de ambos Testamentos. Heinrich Schütz, introductor de la ópera en Alemania, compuso varios sobre la vida de Jesucristo, en los que introdujo la figura del narrador (el evangelista) que un siglo más tarde retomaría Johann Sebastian Bach en sus monumentales oratorios sobre la Pasión de Cristo, de los que se han conservado dos, las **pasiones** según san Mateo y san Juan.

Cuando el interés por la ópera perdió interés en Inglaterra y el compositor-empresario Georg Friedrich Händel vio afectadas sus finanzas, «se pasó» al oratorio. El éxito fulgurante de *El Mesías*, con texto en inglés, le permitió seguir triunfando en Londres con un espectáculo que, como la ópera, siguió representándose no en templos sino en teatros. Un número de este oratorio, *Hallelujah!* («el Aleluya de Händel») posiblemente sea la música coral más conocida del repertorio clásico.

CORO ¡ALELUYA! DE *EL MESÍAS* DE HÄNDEL POR EL CORO DEL KING'S COLLEGE.

Última página de la partitura manuscrita de *El Mesías* de Händel (1741)

La celebración más importante de la liturgia cristiana es la Santa Misa, a cuyo texto en latín compositores clásicos de todas las épocas han puesto música dando lugar a la forma musical **misa**.

Las secciones habituales de la misa musical son las del Ordinario de la misa litúrgica: Kyrie, Gloria, Credo, Sanctus, Benedictus y Agnus Dei. La primera misa documentada que se conserva es del siglo XIV. Desde la *Misa del Papa Marcelo* de Giovanni Pierluigi Palestrina (1562) hasta la *Misa del Papa Francisco* de Ennio Morricone (2015) han compuesto misas compositores de todas las épocas como Bach, Haydn, Mozart, Beethoven, Schubert, Liszt, Gounod, Bruckner, Britten o Stravinski. Los efectivos empleados fueron muy diversos; las misas «clásicas» están escritas para orquesta, coro y solistas. Las misas «modernas» utilizan recursos instrumentales y vocales más diversos.

DIES IRAE-TUBA MIURM, DE LA GRANDE MESSE DES MORTS DE BERLIOZ. COLIN DAVIS DIRIGE A LA ORQUESTA SINFÓNICA DE LONDRES Y COROS.

IN PARADISUM, DEL RÉQUIEM DE FAURÉ.

Una variante de la misa ordinaria, la Misa de Difuntos, ha servido de texto y pretexto para la composición de réquiems. Además de las secciones del Ordinario de la misa, el **réquiem** incluye otras, la más importante de las cuales es la Sequentia, cuyas partes *Dies irae*, *Tuba mirum*, *Rex tremendae*, *Ingemisco*, *Confutatis* y *Lacrimosa* han inspirado las páginas más dramáticas de estas partituras. La concepción de la misa de difuntos por distintos compositores de réquiems ha oscilado entre la visión terrorífica del Juicio Final de Berlioz o Verdi a la serena visión de la muerte como paso a otra vida mejor de Fauré o Duruflé, quienes suprimieron la sección *Dies irae* («Día de la ira») de sus misas de réquiem e incluyeron *In paradisum* («En el Paraíso»).

Algunos autores de réquiems no utilizaron el texto litúrgico latino, como Johannes Brahms *(Un réquiem alemán)*, Benjamin Britten *(Réquiem de guerra)* y Dmitri Kabalevski.

Las formas libres

Hay una amplia serie de formas musicales que corresponden a composiciones breves y no sometidas a ninguna estructura definida. Son las llamadas formas libres, la mayoría de las cuales por su duración fueron escritas para un solo instrumento, especialmente para el piano, y durante el Romanticismo musical.

■ **Albumblatt** o **Feuille d'album** (Hoja de álbum): es una pieza breve y sin dificultad técnica que el compositor dedicaba a algún amigo o alumno para su colección de partituras autógrafas.

■ **Bagatela.** Una bagatela es «una cosa de poca importancia o valor». En música, el término define una forma breve de estructura A-B-A, «sin mayores pretensiones». Desde Couperin hasta Ligeti, muchos compositores importantes han cultivado estas piezas menores, como las veinticinco bagatelas para piano de Beethoven, la más popular de las cuales es la *Bagatela en la menor WoO 59*, puede que erróneamente conocida como «Para Elisa»[32].

BAGATELA EN MI BEMOL MAYOR OP. 33 Nº 1 DE BEETHOVEN. ESTEBAN SÁNCHEZ, PIANO.

■ **Balada.** El término balada encierra varios significados bien distintos, desde los poemas cantados bajomedievales y renacentistas hasta las baladas «románticas» de la música ligera latinoamericana o de la música rock y pop. En la clásica hay que destacar las cuatro *Baladas, op. 23, 38, 47 y 52* que compuso Chopin, breves pero de estructura formal indefinida aunque compleja y con una notable exigencia técnica. Escuchemos la tercera en interpretación de un gran especialista chopiniano.

BALADA Nº 3 EN LA BEMOL MAYOR OP. 47 DE CHOPIN. ARTHUR RUBINSTEIN, PIANO.

■ **Barcarola.** Es una pieza en ritmo 6/8 que imita a las canciones de los gondoleros. La más célebre es la que inicia el tercer acto de la ópera *Los cuentos de Hoffmann* de Offenbach, como pieza pianística destacan las de

---

32. *Für Elise* pudo ser un error de transcripción de la auténtica dedicatoria de Beethoven, *Für Therese*, cuya identidad se desconoce.

BARCAROLA DE *LOS CUENTOS DE HOFFMANN*, DE OFFENBACH. ANNE SOFIE VON OTTER Y STEPHANIE D'OUSTRAC, LES MUSICIENS DU LOUVRE DIRIGIDOS POR MARC MINKOWSKI.

CAVATINA *UNA VOCE POCO FA* DE ROSSINI. TERESA BERGANZA, MEZZOSOPRANO, ACOMPAÑADA POR LA ORQUESTA SINFÓNICA DE LONDRES DIRIGIDA POR SIR ALEXANDER GIBSON.

ESTUDIO OP. 10 Nº 1 «LA CASCADA» DE CHOPIN. MAURIZIO POLLINI, PIANO.

Mendelssohn (como la *Gondellied en la mayor*) de Mendelssohn y la más extensa *Barcarola en fa sostenido mayor* de Chopin.

■ **Cavatina.** Es una forma vocal más breve que el aria y sin repeticiones que podemos escuchar en el oratorio y sobre todo en la ópera, con la cual hacían su presentación vocal los protagonistas. Buenos ejemplos son las cavatinas *Largo al factotum* y *Una voce poco fa* de *El barbero de Sevilla* de Rossini.

■ **Capriccio** (capricho). Con este término se han titulado obras de estilos tan diferentes como el *Capricho sobre la lejanía de un amigo bienamado* para teclado de Bach o los *24 Capricci* para violín solo de Paganini o los caprichos orquestales español de Rimski-Korsakov e italiano de Chaikovski.

■ **Estudio.** El extraordinario desarrollo técnico del piano en el siglo XIX propició la era de los grandes pianistas y de la popularización del instrumento en los hogares acomodados de una burguesía necesitada de enseñanza. Pianistas compositores de la talla de Carl Czerny (alumno de Beethoven y maestro de Liszt), Muzio Clementi, Johann Baptist Cramer o Charles-Louis Hanon dedicaron parte de su actividad a escribir ejercicios de técnica pianística que todavía hoy los aprendices de pianista conocen bien: *Gradus ad Parnassum*, *Escuela de velocidad*, *El pianista virtuoso en 60 ejercicios*, etc. Otros autores, como Chopin (doce *Estudios op. 10* y doce *Estudios op. 25*), Liszt (12 *Etudes d'éxecution transcendantes*) o Debussy *(Doce estudios para piano)* traspasaron la función pedagógica del estudio, dotándolo de una calidad musical superior que le permitió pasar de la habitación del piano a la sala de conciertos.

▪ **Fantasía.** Como el *impromptu*, la fantasía es una composición breve para piano libre de convenciones estructurales que parece improvisada, aunque algunas con un esquema tan cuidadosamente diseñado como el de la *Fantasía en fa menor de Chopin*, una pieza no tan breve (dura unos 14 minutos), en la que se suceden hasta siete secciones con cambios inesperados *(in promptu)* en dinámica, tonalidad y ritmo.

▪ **Humoresque.** Pieza ligera y desenfadada, ligada al compositor checo Antonin Dvorak, que compuso ocho *Humoresky* («con humor») cuando desempeñaba el muy serio puesto de director del Conservatorio de Nueva York. La séptima es una de las composiciones breves para piano más famosas, objeto de numerosas versiones para violín, otros instrumentos y orquesta. La sencilla pieza, con una sección central sosegada entre dos saltarinas, está en la tonalidad de *sol bemol mayor,* cuyos seis bemoles en la armadura conceden el protagonismo a las teclas negras.

HUMORESQUE OP. 101 Nº 7 DE DVORAK. STEFAN VESELKA, PIANO.

▪ **Impromptu** (de *in promptu*, «de improviso»). Pieza breve de carácter improvisador que el compositor crea, sin un plan estructural previamente concebido, para ser interpretada por un instrumento solista, generalmente el piano. Schubert (dos ciclos de cuatro) y Chopin (tres, más la *Fantasía-impromptu*) compusieron los más célebres.

▪ **Intermezzo.** Como su nombre hace suponer, el *intermezzo* (intermedio) fue en origen una pieza breve cuya función era entretener musicalmente las pausas entre las partes principales de una obra extensa ofrecida como espectáculo, bien fuera una suite de danzas, un drama o una ópera, con un significado de interludio o entreacto. En el siglo XIX, asumió otras funciones; en las óperas veristas, por ejemplo, era obligado un intermezzo intercalado entre actos o escenas, como en

INTERMEZZO SINFÓNICO DE CAVALLERIA RUSTICANA, DE PIETRO MASCAGNI. GEORGES PRÊTRE DIRIGE A LA ORQUESTA DE LA SCALA DE MILÁN.

Cavalleria rusticana, Pagliacci, Fedora, Adriana Lecouvreur o *Manon Lescaut*.

El término también dio nombre a secciones o movimientos intermedios de obras pianísticas como la *Kreisleriana* de Schumann, orquestales como la *Sinfonía nº 1* de Dutilleux y también a piezas para piano como los *Intermezzi* opus 116 a 119 de Brahms. *Intermezzo*, en fin, es el título de una ópera de Richard Strauss subtitulada «comedia burguesa con interludios sinfónicos» cuyo argumento gira en torno a un incidente conyugal entre el compositor y Pauline de Ahna, su esposa (del que ningún libretista quiso hacerse cargo y acabó escribiendo el texto el propio Strauss).

■ **Invención.** Nombre de una composición breve para teclado a dos o tres voces y en casi todas las tonalidades con fines pedagógicos. Bach compuso treinta para ejercitar en el teclado a sus alumnos, incluidos sus hijos. Las de dos voces contienen dos temas que se contraponen en una estructura fugada. A las invenciones a tres voces las llamó sinfonías.

MARCIA ALLA TURCA DE BEETHOVEN. K.A. RICKENBACHER DIRIGE LA BAMBERG SYMPHONY.

■ **Marcha.** El ritmo binario (2/4 ó 4/4) de la marcha es el ideal para marcar el paso de un ejército desfilando en formación, o de un solemne cortejo, procesional o fúnebre. Al margen de esta función rítmica, muchos compositores clásicos han compuesto marchas *ad hoc* o incluidas en obras más amplias. Entre las primeras podemos destacar como célebres ejemplos la *Marcha eslava* de Chaikovski, las *Tres Marchas Militares* de Schubert o las *Marchas de Pompa y Circunstancia* de Elgar. Entre las segundas, la *Marcha turca* de *Las ruinas de Atenas* de Beethoven, la *Marcha húngara* de *La condenación de Fausto* de Berlioz o la *Marcha nupcial* de *El sueño de una noche de verano* de Mendelssohn.

MARCHA DE POMPA Y CIRCUNSTANCIA Nº 1 DE ELGAR. SIR NEVILLE MARRINER DIRIGE LA ROYAL CONCERTGEBOW ORCHESTRA,

■ **Momento musical.** Se trata de otra forma breve para piano, con estructura A-B-A, cultivada por el romántico Schubert (seis, su opus 90) y el postromántico Rachmáninov (otros seis, su opus 16), autor de otra forma libre para piano que denominó *Morceaux de Fantasie* («Piezas de fantasía»).

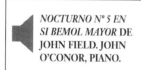
MOMENTO MUSICAL OP. 16 Nº 3 EN SI MENOR DE RACHMÁNINOV. VLADIMIR ASHKENAZY, PIANO.

■ **Nocturno.** Composición en un movimiento caracterizada por un delicado lirismo melódico, tempo lento, dinámica suave y un carácter crepuscular que invita a la ensoñación y el sosiego del espíritu. Muchos compositores han escrito obras tituladas nocturno para voz, cámara u orquesta, pero los nocturnos más conocidos son los destinados al piano. Aunque los más apreciados son los veintiuno que compuso Frederic Chopin, el irlandés John Field fue el «inventor» del nocturno pianístico.

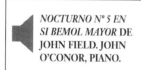
NOCTURNO Nº 5 EN SI BEMOL MAYOR DE JOHN FIELD. JOHN O'CONOR, PIANO.

■ **Paráfrasis.** En teoría lingüística, la palabra de origen griego *paráfrasis* significa imitar una frase sin reproducirla exactamente sino con otras palabras que faciliten su comprensión. En música, la paráfrasis es la brillante reelaboración de un tema de otro compositor, tratado por el autor

de aquella con fantasía, invención musical y virtuosismo. El autor de la paráfrasis reescribe el tema original, que su mayor exponente, Franz Liszt, extraía lo mismo del lied *La Trucha* de Schubert, que de los *Cantos Poloneses* de Chopin, que del *Liebestod* de Wagner, que de la *Danza de las hadas* (marcha nupcial) de Mendelssohn. Sirva de ejemplo la que realizó del cuarteto vocal *Bella figlia de l'amore* del acto tercero de la ópera *Rigoletto* de Verdi.

PARÁFRASIS DE CONCIERTO SOBRE RIGOLETTO, DE FRANZ LISZT. JORGE BOLET, PIANO.

Liszt denominó *Réminiscences* a las paráfrasis en las que trataba varios temas de una misma obra, como las de las óperas *Don Giovanni*, *Norma* o *Los puritanos*, y *Fantasie-opern* a las paráfrasis de escenas de óperas de Wagner.

■ **Preludio.** En música, este término (del latín *praeludium*, antes del juego) definió inicialmente a un ejercicio de afinación de las voces, más tarde a una pieza breve que servía de introducción a otra más extensa, como el acto de una ópera, y acabó emancipándose como forma musical breve. Bach, Chopin, Scriabin y Shostakóvich compusieron colecciones de preludios en las veinticuatro tonalidades. Claude Debussy también compuso 24 preludios en dos libros, aunque no en todas las tonalidades. Todos poseen un nombre, el más conocido de los cuales es *La fille aux cheveux de lin* («La muchacha de los cabellos de lino»), el VIII del primer libro.

LA FILLE AUX CHEVEUX DE LIN, DE DEBUSSY. VIKINGUR ÓLAFSSON, PIANO.

■ **Rapsodia.** Es una forma libre propia del siglo XIX caracterizada por presentar varios episodios contrastantes (típicamente dos, el primero lento y el segundo muy vivo) que utilizan melodías folclóricas y populares procedentes de diversas naciones europeas, como las húngaras de Liszt, eslavas de Dvorák, suecas de Alfven, noruega de Lalo, rumanas de Enescu o española de Ravel. Las más populares son las 19 *Rapsodias Húngaras* que Franz Liszt escribió para piano, algunas de las cuales fueron orquestadas. Como muestra de virtuosismo pianístico, escuchemos la nº 2 en do sostenido menor con sus dos secciones, lenta *(lassan)* y rápida *(friska)*, tomadas prestadas de las danzas húngaras llamadas *czardas*.

RAPSODIA HÚNGARA Nº 2 DE LISZT. SHURA CHERKASSKY, PIANO.

■ **Romanza.** Igual que otras formas breves, la romanza define varias piezas musicales líricas, vocales con acompañamiento o para un instrumento, principalmente el piano, melódicas y de carácter amatorio. Entre las instrumentales destacaremos los ocho libros de seis *Lieder ohne worte* (Canciones sin palabras) de Felix Mendelssohn. En la zarzuela española abundan las romanzas de tenor, como la que pueden escuchar a continuación, cantada por Alfredo Kraus.

ROMANZA DE *LA TABERNERA DEL PUERTO*, DE PABLO SOROZÁBAL. ALFREDO KRAUS, TENOR.

■ **Transcripción.** Hasta la invención de la música grabada solo había dos maneras de conocer una obra musical: asistiendo a una representación o interpretando en casa una reducción de la partitura original para piano, es decir, una transcripción. La transcripción pianística fue el tocadiscos del siglo XIX. A diferencia de la paráfrasis, el compositor no se permite libertades y traduce fielmente hasta la textura de una obra sinfónica utilizando el único instrumento capaz de reproducirla por sí solo: el piano. Entre la gran cantidad de transcripciones que se realizaron destacan por encima de todas, una vez más, las de Franz

TRANSCRIPCIÓN PARA PIANO DE LA QUINTA SINFONÍA DE BEETHOVEN POR FRANZ LISZT. KONSTANTIN SCHERBAKOV, PIANO.

Liszt, «el intérprete más maravilloso de partituras orquestales al piano que el mundo haya visto» (Donald Tovey). El incansable Liszt transcribió de todo, pero sobresalen sus pasmosas recreaciones de las nueve sinfonías de Beethoven (la Novena, para dos pianos), en las que, de manera increíble, «se escucha todo». Compruébese con la del célebre primer movimiento de la *Quinta Sinfonía en do menor.*

El baile

Dedicamos este apartado a una pieza musical breve especial: el baile. En otro capítulo hablaremos del ballet clásico como forma musical. Ahora dedicaremos unas líneas a las danzas de origen folclórico que con el tiempo dieron lugar a composiciones clásicas, desprovistas ya de su naturaleza popular.

El ser humano ha bailado en todas las culturas y civilizaciones. Con una motivación ancestral mágico-religiosa y una función utilitaria, con el tiempo la danza ritual dio paso al baile con fines lúdicos que formaban parte de las celebraciones civiles. El movimiento corporal como respuesta al ritmo musical es una reacción humana universal e intemporal: lo ejecutaban los hombres del neolítico al son de la percusión y lo siguen haciendo los asistentes a un concierto de rock. Con el tiempo, los gestos corporales inducidos por la música dejaron de ser libres y espontáneos para someterse a reglas que estandarizaron su práctica hasta alcanzar elevados niveles de sofisticación.

■ Girando en ritmo 3/4

De todas las danzas que evolucionaron desde la celebración aldeana al salón aristocrático destacaremos el **vals**, palabra que procede del alemán *walzer*, «girar».

Es de origen discutido, aunque probablemente derivado del *ländler*, una danza popular austrogermánica de ritmo ternario que se acompañaba de palmadas, taconazos, palmadas y el tradicional *yodel* tirolés (grito agudo en falsete). A mediados del siglo XVIII, el vals irrumpió en los salones como un baile revolucionario de las costumbres sociales que acabó imponiéndose. Durante el Renacimiento y el Barroco los bailes eran colectivos y los participantes se tocaban como mucho las manos. El estrecho contacto físico de las parejas que conlleva el vals le valió la consideración de inmoral, atrevido e impúdico. Sin embargo, la posibilidad de bailar la pareja sola, la exhibición pública de su proximidad física y la sensación de libertad que proporcionaba la dinámica de los movimientos consolidaron al vals vienés como el baile preferido de la alta sociedad europea.

Veamos cómo evolucionó el ländler folclórico hasta la pieza romántica para piano de Schubert y su utilización por Weber para ilustrar musicalmente una fiesta campesina.

El ritmo binario es el de la marcha, del avance en línea recta. El ternario, el de la rotación en círculos. Si se observa a una pareja bailando un pasodoble, la sensación es de un movimiento lineal de avance-retroceso, apoyado sobre un ritmo binario más propio de una marcha que de una danza. Una pareja bailando el vals, en cambio, se mueve en círculos, como un trompo, impulsada por el giro rítmico que impone el compás de 3 por 4, acentuado en el primer pulso.

Ritmo ternario del vals.

Por ello, la mayoría de los bailes más alegres y animados están en ritmo ternario, tanto folclóricos (tarantela, vira, redova, muñeira, jota) como clásicos (minué, mazurca, polonesa), mientras que los más recatados (escocesa, gavota, pavana) estaban en ritmo binario y acabaron siendo desplazados por el irresistible vals.

El «inmoral» vals acabó imponiéndose en la corte vienesa.
El emperador Francisco José I bailando con una dama (detalle de una acuarela de Wilhelm Gause).

Desde el punto de vista formal, el vals es una forma breve que fue dedicada al piano por compositores románticos como Schubert, Chopin o Brahms. Sin embargo, el apogeo del vals como baile de salón fue obra de los vieneses Joseph Lanner y la familia Strauss, con Johann hijo a la cabeza, y del francés Émile Waldteufel. Otros compositores de valses célebres, en estilos bien distintos, fueron Chaikovski, Ravel y Shostakóvich.

VALS DE LAS FLORES **DE DEL BALLET** *LA BELLA DURMIENTE* **DE CHAIKOVSKI.** *ANTAL DORATI* **DIRIGE LA ORQUESTA DEL REAL CONCERTGEBOUW.**

VOCES DE PRIMAVERA **DE J. STRAUSS II. WILLI BOSKOWSKI DIRIGE LA ORQUESTA JOHANN STRAUSS DE VIENA.**

VALSES NOBLES Y SENTIMENTALES **(I. MODÉRÉ) DE RAVEL. ALAN GIBERT DIRIGE A LA FILARMÓNICA DE NUEVA YORK.**

VALS LÍRICO DE LA SUITE DE BALLET Nº 1 **DE SHOSTAKOVICH. ORQUESTA DE CÁMARA DE MOSCÚ, CONSTANTINE ORBELIAN.**

Finalizaremos este capítulo con un poco de tristeza en ritmo de 3/4. El vals es un baile vivo y alegre, por lo que la gran mayoría se han compuesto en tonalidades mayores. Pero unos pocos lo están en modo menor y, no por casualidad, algunos llevan el sobrenombre de «triste», como el *Vals triste en mi menor, Op. Nº 1* de Jean Sibelius, el *Vals triste en sol menor* de Oskar Nedbal o el *Vals triste en la menor B150 Op. Posth.* de Frédéric Chopin. Escuche la melancólica belleza en modo menor del vals de Nedbal, compositor bohemio que, ahogado por las deudas, en la Nochebuena de 1930 se arrojó al vacío desde una ventana del Teatro de la Ópera de Zagreb.

VAL TRISTE **DE OSKAR NEDBAL. ORQUESTA SINFÓNICA DE KARLOVY VARY DIRIGIDA POR JAROSLAV KUBRICHT.**

■ Otras danzas por parejas

La **mazurca** (o mazurka) es una danza originaria de Polonia, desde donde se extendió a toda Europa y por la América Latina. Su evolución social fue contraria al vals, pues pasó de los salones de la nobleza a las celebraciones populares. Su ritmo es ternario, pero a diferencia del vals, donde se acentúa el primer pulso del compás, el acento recae en el segundo o más comúnmente en el tercero.

MAZURCA DE LAS SOMBRILLAS, DE MORENO TORROBA. ANTONIO ROS MARBÁ DIRIGE A PLÁCIDO DOMINGO, MARÍA BAYO Y LA ORQUESTA SINFÓNICA DE TENERIFE.

Frédéric Chopin compuso casi sesenta mazurcas para piano, en las que recreó esta danza nacional de su país natal como una forma musical breve que estilizó con su sensibilidad romántica bañada de una melancólica nostalgia patriótica. Pero, para variar, ofrecemos una tan diferente de estas como la «Mazurca de las sombrillas» de la zarzuela *Luisa Fernanda*, de Federico Moreno Torroba.

El rasgo más característico de otra danza originaria de Polonia, la **polonesa**, consiste en el primer tiempo del compás de 3 por 4, que comprende la corchea y dos semicorcheas que proporcionan a la danza su característico ritmo.

Animado por la misma sensibilidad hacia el espíritu nacional polaco, Chopin compuso más de veinte polonesas para piano, aunque el ejemplo que proponemos escuchar es la célebre Polonesa que inicia el tercer acto de la ópera *Eugene Onegin* de Chaikovski.

POLONESA DE *EUGENE ONEGIN* DE CHAIKOVSKI. EMIL TCHAJKAROV DIRIGE LA ORQUESTA DEL FESTIVAL DE SOFÍA.

A pesar de su equívoco nombre, la **polca** (o polka) es una danza en ritmo binario (2/4) procedente de Bohemia, desde donde se extendió rápidamente por Europa y América. Su popularidad se debe a su tempo rápido, su carácter alegre y desenfadado y su coreografía a base de pasos y saltos que la convierten en un baile menos académico y más divertido.

Quizá la polca más célebre de todas sea la que compuso el checo Jaromír Vejvoda en 1927 con el título *Škoda lásky* («amor doloroso») aunque es popular y universalmente conocida cono la *Polka del barril* (de cerveza). Su marcado ritmo binario le confiere un aire más de marcha que de danza.

La breve *Polca italiana* de Sergéi Rachmáninov para dos pianos es un buen ejemplo de contraste modal entre el primer tema, en *mi bemol menor*, y el segundo y central, en *mi bemol mayor*.

POLCA DEL BARRIL, POR KAPELA MISTRIÑANKA.

POLCA ITALIANA DE RACHMÁNINOV. BALASZ SZOKOLAY Y PÉTER NAGY, PIANOS.

La **tarantela** (tarantella), en fin, es una alegre danza originaria del sur de Italia (posiblemente tome su nombre de la ciudad de Tarento) en ritmo binario (compás de 6/8) con el acento sobre el primer tiempo.

TARANTELLA DE LA BOUTIQUE FANTASQUE DE ROSSINI/RESPIGHI. ANDREW DAVIS DIRIGE LA SINFÓNICA DE TORONTO.

De las tarantelas compuestas por autores como Sarasate, Liszt, Rachmáninov, Gottschalk o Rossini escogemos la de este último para piano que Ottorino Respigghi orquestó para el ballet *La boutique fantasque*.

Si la opereta francesa tiene el cancán y la vienesa el vals, la castiza zarzuela hace gala del baile popular madrileño, el **chotis**, presente en zarzuelas como *La Gran Vía* o *La verbena de la Paloma*. De nombre doblemente equívoco (pues procede de Bohemia, pero su nombre procede del alemán *schotissch*, que significa «escocés»), el chotis se extendió por Europa y América Latina a través de diversas variantes, aunque su relación más célebre es con el casticismo madrileño.

Finalmente, en el repertorio clásico encontramos colecciones de danzas, compuestas en varias épocas y diferentes estilos, destinadas más al salón, la sala de conciertos o la ópera que al baile, entre las que destacamos por su celebridad las *Danzas alemanas* de Beethoven, Mozart y Schubert, las *Danzas húngaras* de Brahms, las *Danzas eslavas* de Dvořák, las *Danzas polovtsianas* de Borodin, las *Danzas fantásticas* de Turina y las *Danzas sinfónicas* de Rachmáninov.

Los recursos
musicales

La orquesta

Como otros términos que van apareciendo, la palabra *orquesta* ha conocido diversos significados a lo largo de la historia. Deriva del grecolatino *orchestra*, «espacio circular donde danzaba el coro», ya que en el teatro antiguo se llamaba así el lugar que ocupaban los actores y músicos. Durante la época barroca, en cambio, pasó a denominar al conjunto de músicos y sus instrumentos. Como ya sabemos, los primeros conjuntos instrumentales fueron tan pequeños que cabían holgadamente en una habitación (*camera*), por lo que todavía se denominan orquestas de cámara. En el período clásico la orquesta empezó a crecer hasta alcanzar a lo largo del siglo XIX el centenar de intérpretes de todas las familias instrumentales para poder ejecutar obras sinfónicas cada vez más complejas. Nació así la orquesta sinfónica, o filarmónica[33]. Cuando la orquesta solo se compone de instrumentos de una de las familias se denominan orquesta de cuerda, de viento-madera, de viento-metal o de percusión.

Independientemente de su número, los instrumentos básicos de una orquesta sinfónica que forman parte de las cuatro mencionadas familias son los siguientes:

- *Cuerdas:* violines (primeros y segundos), violas, violonchelos y contrabajos.
- *Maderas*[34]: flautas (y ocasionalmente flautín o *piccolo*), oboes (y ocasionalmente corno inglés), clarinetes (ocasionalmente clarinete bajo) y fagots (ocasionalmente contrafagot), saxofones.

---

33. En sus orígenes, las orquestas filarmónicas fueron fundadas por sociedades que agrupaban a músicos aficionados y melómanos amantes de la música, mientras que las sinfónicas estaban integradas por profesionales. Independientemente de sus nombres oficiales (Filarmónica de Berlín, Sinfónica de Viena), actualmente ambos términos se utilizan indistintamente para referirse a una orquesta de entre 80 y 100 profesores distribuidos en las cuatro familias instrumentales bajo el liderazgo de un director).
34. Llamados así porque antiguamente estaban hechos de este material.

- *Metales:* trompetas, trompas, trombones y tuba (ocasionalmente, tubas wagnerianas)
- *Percusión:* timbales, címbalos (platillos), bombo, caja (tambor) y una variada batería dependiendo de la obra (xilófono, marimba, glockenspiel, gong, caja china, pandereta, triángulo, látigo, etc.)
- *Teclado:* El clavicémbalo (como bajo continuo en la época barroca) y el piano, el órgano y la celesta en épocas posteriores, se han integrado en algunas obras como un instrumento más de la orquesta.

Cuando asistimos a varias interpretaciones de obras sinfónicas para gran orquesta, en vivo o grabada, nos sorprende descubrir que los instrumentos no estén distribuidos de igual forma en todas ellas. En algunos casos, por ejemplo, los contrabajos estarán situados a la izquierda y en otros a la derecha, los metales delante de la percusión o compartiendo fila con ellos, etc. Tales variaciones no son fruto del capricho del director, sino que persiguen obtener el difícil equilibrio dinámico y tímbrico de una ingente masa sonora generada por tantos instrumentos con volumen sonoro y «color» distintos. También pueden influir aspectos como la orquestación de la obra o la acústica de la sala.

En todo caso, hay un esquema básico de distribución de los instrumentos de una gran orquesta que siempre se respeta, condicionada por la intensidad del sonido que producen, de más agudos a más graves de izquierda a derecha y de menos a más «ruidosos» de delante atrás.

Desde el primer tercio del siglo XIX, la orquesta se despliega formando un arco escalonado, abierto hacia los oyentes. En primer término, frente al director, se sitúan los instrumentistas de «la cuerda», de izquierda a derecha: violines primeros y segundos, violas, violonchelos y contrabajos (aunque, como decimos, este orden puede variar salvo en la inamovible disposición de los violines).

Detrás de la cuerda se encuentran los instrumentos de viento-madera: piccolo, flautas traveseras, oboes y corno inglés, clarinetes, fagots, contrafagots y saxofón. En escenarios estrechos pueden necesitar dos filas y a su izquierda suelen situarse las arpas y los instrumentos de teclado (piano, celesta) que precise la obra.

El siguiente segmento del arco tras la madera lo ocupan los instrumentos de viento-metal: trompetas, trompas, trombones y tubas.

Y el nivel superior de este auténtico edificio sonoro de cuatro pisos se instalan el o los percusionistas encargados de hacer sonar una batería

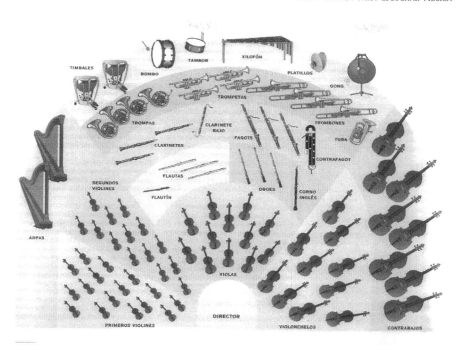

de instrumentos muy variable: desde la pareja de timbales a cargo de un percusionista en las sinfonías de Mozart y Beethoven hasta la nutrida de la Sexta Sinfonía de Gustav Mahler: glockenspiel, cencerros, campanas tubulares, látigo, xilófono, platillos, triángulo, tambor, bombo, tam-tam y un gigantesco martillo de madera.

Si la obra incluyera la participación de un coro, se situará de forma escalonada detrás de la orquesta, con sus miembros agrupados por registros vocales.

Los instrumentos musicales

Durante la Baja Edad Media y el Renacimiento los instrumentos musicales más utilizados eran de cuerda pulsada, como la guitarra, la vihuela y el laúd; frotada, como la vihuela oval o fídula, el rebeco y el rabel; de teclado, como el clave y el virginal o espineta; y de viento, como la flauta de pico, el sacabuche, la chirimía y el bajón. El Pórtico de la Gloria de la Catedral de Santiago de Compostela es un extraordinario documento esculpido en granito policromado de los instrumentos musicales del siglo XIII.

Detalle del Pórtico de la Gloria de la Catedral de Santiago de Compostela
en el que los Ancianos del Apocalipsis tocan instrumentos como la fídula, el arpa, la cítara,
el salterio, el laúd y el organistrum, un antecesor de la zanfona de afinación pitagórica.

A partir de principios del siglo XVI, la viola adquirió el protagonismo absoluto de los instrumentos de arco hasta mediados del XVIII. No era la viola actual sino un instrumento más grande, que se tocaba bien apoyándolo en el pecho o el hombro (*viola da braccio*, «viola de brazo») o apoyado en el suelo, entre las piernas (*viola da gamba*, «viola de pierna»).

A finales del XVII, luthiers italianos entre los que destacan apellidos como Amati, Guarneri o Stradivari, perfeccionaron los instrumentos de arco hasta lograr la creación definitiva del más importante desde entonces y hasta hoy, el violín, y del resto de la familia (viola, violonchelo y contrabajo).

Otro cambio trascendental en la evolución de la música instrumental fue la creciente pujanza de la burguesía, cuyos miembros más prósperos comenzaron a organizar veladas musicales en sus propios salones musicales (con recursos instrumentales y de espacio más modestos y por tanto baratos) y a demandar acceso a los conciertos hasta entonces reservados para los dos estamentos hegemónicos de aquella sociedad, la nobleza y el clero.

Bach compuso sus obras instrumentales (suites, conciertos) para un reducido conjunto de cuerda (violín, viola da gamba, violonchelo, contrabajo), flauta, oboe y/o trompeta, trompas, timbales y continuo (clavecín).

Mozart y Beethoven añadieron el recién inventado clarinete y el fagot a las maderas y el trombón a los metales.

A lo largo del siglo XIX, unos instrumentos se inventaron y otros se perfeccionaron, lo que enriqueció dinámica y tímbricamente a las orquestas y permitió a los compositores abordar composiciones cada vez más ambiciosas y complejas. Y el progresivo crecimiento de la orquesta, sobre todo a costa de los metales y la percusión, obligó a incrementar la cuerda y a duplicar (o triplicar) la madera, y por consiguiente el tamaño de las salas de conciertos.

Berlioz reforzó aún más la orquesta; la orquestación de la *Sinfonía fantástica* incluye: 2 flautas (la segunda dobla a flautín) 2 oboes (el segundo dobla al corno inglés), 2 clarinetes (el primero dobla al clarinete en mi bemol), 4 fagots, 4 trompas; 2 cornetas; 3 trombones de varas; 2 oficleidos (antecedentes de la tuba), 2 pares de timbales, caja, bombo, campanas, 2 arpas y cuerdas (primeros y segundos violines, violas, violonchelos y contrabajos).

Wagner ensanchó todavía más el foso orquestal para sus dramas musicales, incorporando todos los instrumentos conocidos e incluso inventando uno, la tuba wagneriana.

Richard Strauss requirió para su ópera *Elektra* una orquesta gigantesca: 32 violines, 18 violas, 12 violonchelos, 8 contrabajos; piccolo, 3 flautas (doblando dos piccolos), 2 oboes, corno inglés (doblando al tercer oboe), 1 heckelfón (oboe bajo), 4 clarinetes en mi bemol, 1 en si bemol y 2 corni di bassetto (clarinete tenor), 3 fagotes, 1 contrafagot; 4 trompas, 4 tubas wagnerianas, 6 trompetas, 3 trombones, 1 trombón contrabajo, 1 tuba baja; 6 timbales, glockenspiel, triángulo, caja, tambor militar, tambor bajo, tamtam, celesta y dos arpas. Más de 110 músicos.

Siguiendo la intención de este trabajo, dejaremos fuera a los modernos instrumentos electroacústicos, basados en instrumentos tradicionales pero amplificados, como la guitarra eléctrica y a los enteramente electrónicos, que general sonidos a partir de circuitos eléctricos, como el sintetizador.

Por tanto, nos ocuparemos de los instrumentos que forman parte de la orquesta sinfónica clásica que, según el sistema de clasificación Hornbostel-Sachs,[35] se dividen en las siguientes categorías:

---

35. Erich von Hornbostel (1877-1935) fue pionero de la etnomusicología y Curt Sachs (1881-1959) fundó la organología o ciencia que estudia los instrumentos musicales.

- **Instrumentos idiófonos** (de *idios*, propio y *fonos*, sonido): la vibración se produce en el mismo instrumento. No se pueden afinar.
  - *Golpeados:* triángulo, caja china, xilófono, gong.
  - *Frotados:* armónica de cristal.
  - *Chocados:* platillos, castañuelas, látigo, claves.
  - *Sacudidos:* cascabeles, maracas.

- **Instrumentos membranófonos:** la vibración se produce al percutir o frotar una membrana o parche tensada sobre un bastidor: timbales, bombo, caja (tambor), pandereta.

- **Instrumentos aerófonos:** la vibración se produce dentro de una columna de aire al soplar en uno de los extremos.
  - Soplo mecánico: órgano, armonio, acordeón.
  - Soplo directo: instrumentos de viento:
    - Viento-madera: flautín, flauta, oboe, corno inglés, clarinete, clarinete bajo, fagot, contrafagot, saxofón. La vibración del aire la produce una lengüeta de caña situada en la embocadura, simple (clarinete) o doble (oboe).
    - Viento-metal: trompeta, tromba, trombón, tuba. La vibración se produce con los labios del intérprete.

- **Instrumentos cordófonos:** la vibración se produce en cuerdas tensadas:
  - De cuerda frotada: cuarteto de cuerda: violín, viola, violonchelo, contrabajo.
  - De cuerda pulsada o pellizcada: mandolina, arpa, guitarra.
  - De cuerda percutida: piano, celesta.

No podemos detenernos a describir los mecanismos de producción del sonido de todos estos instrumentos, pero sí para escuchar cómo suenan la mayoría de ellos.

VIOLÍN. *CONCIERTO DE MENDELSSOHN*. MAXIM VENGEROV Y LA ORQUESTA DEL GEWANDHAUS DIRIGIDA POR KURT MASUR.

 VIOLONCHELO. *DON QUIJOTE* DE RICHARD STRAUSS. MSTISLAV ROSTROPOVICH CON LA FILARMÓNICA DE BERLÍN DIRIGIDA POR KARAJAN.

CONTRABAJO. *PASSIONE AMOROSE* DE GIOVANNI BOTTESINI. BOGUSLAW FURTOK Y ORQUESTA DE LA RADIO DE FRANKFURT DIRIGIDA POR STEFAN TETZLAFF.

 VIOLA. *HAROLD EN ITALIA* DE BERLIOZ. NOBUKO IMAI Y LA ORQUESTA SINFÓNICA DE LONDRES BAJO LA DIRECCIÓN DE SIR COLIN DAVIS.

 FLAUTÍN. *PICCOLO CONCERTO RV 443* DE VIVALDI. ORQUESTA DE CÁMARA DE TOULOUSE DIRIGIDA POR LOUIS AURIACOMBE.

 CORNO INGLÉS. *EL AMOR BRUJO* DE FALLA. ALISON TEALE, CORNO INGLÉS.

 CLARINETE. *PICOU*. ALVIN BATISTE.

FLAUTA. *CONCIERTO PARA FLAUTA Nº 1 K313* DE MOZART. EMMANUEL PAHUD Y FILARMÓNICA DE BERLÍN DIRIGIDA POR CLAUDIO ABBADO.

 OBOE. *EL OBOE DE GABRIEL*, DE ENNIO MORRICONE. FILM SYMPHONY ORCHESTRA.

 CLARINETE BAJO. *LOOK A BASSCLARINET IN MY GARDEN*. JAN GUNS.

 FAGOT. *CONCIERTO PARA FAGOT* DE GORDON JACOB. DALRYMPLE CHAMBER ORCHESTRA DIRIGIDA POR DENNIS PARKER.

 CONTRAFAGOT. *INVIERNO EN EL TRÓPICO*. SILVANO PICCHI.

 TROMPA. *EMPFINDUNGEN AM MEERE* DE FRANZ STRAUSS. STEPHAN DOHR, TROMPA.

 SAXOFÓN. *CONCERTINO DA CAMERA* DE JACQUES IBERT. NOBUYA SUGAWA Y LA ORQUESTA FILARMÓNICA DE LA BBC DIRIGIDA POR YUTAKA SADO.

 TROMPETA. *TOQUE MILITAR.*

 TROMBÓN. *ROMEO Y JULIETA* DE PROKOFIEV. TROMBONE ENSEMBLE.

 TUBA. *TUBA BUFFO.* MICHAEL LIND, TUBA.

 ARPA. *CONCIERTO PARA ARPA HWV 294* DE HÄNDEL. MARIELLE NORDMANN, ARPA.

 CELESTA. *DANZA DEL HADA DE AZÚCAR* DE CHAIKOVSKI. ORQUESTA SINFÓNICA DE LENINGRADO DIRIGIDA POR ALFRED SCHOLZ.

 CAJA. *EL TENIENTE KIJÉ* DE PROKOFIEV. ANDRÉ PREVIN DIRIGE LA ORQUESTA SINFÓNICA DE LONDRES.

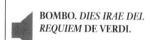 BOMBO. *DIES IRAE DEL REQUIEM* DE VERDI.

 PLATILLOS. PRELUDIO DE *CARMEN* DE BIZET. MICHEL PLASSON DIRIGE LA ORQUESTA DEL CAPITOLIO DE TOULOUSE.

XILÓFONO. *EL CARNAVAL DE LOS ANIMALES* **DE SAINT-SAËNS. ENSEMBLE MUSIQUE OBLIQUE.**

 MARIMBA Y VIBRÁFONO. EMMANUEL SÉJOURNÉ.

 GLOCKENSPIEL. *LA FLAUTA MÁGICA* **DE MOZART.**

 CELESTA. *DANZA DEL HADA DE AZÚCAR* **DE CHAIKOVSKI.**

 ARMÓNICA DE CRISTAL. *ADAGIO K 617A* **DE MOZART. VIENA GLASS ARMONICA DUO.**

Un solo instrumento genérico puede poseer su propia familia. Baste como ejemplo citar la del clarinete, compuesta por instrumentos de varios tamaños, tesituras, afinaciones y timbres, como el clarinete piccolo (o clarinete de octava), clarinete alto, clarinete bajo y clarinete contrabajo, así como instrumentos cuya construcción es ligeramente diferente, como la trompa de basset.

He aquí unos ejemplos musicales de orquestas formadas por una familia de instrumentos.

Instrumentos de la familia de cuerdas: violín, viola, violonchelo y contrabajo.

CUERDA. *SERENATA PARA CUERDAS* DE DVORAK. ORQUESTA DE CÁMARA DE PRAGA DIRIGIDA POR JOSEF VLACH.

Instrumentos básicos de la familia de viento-madera: flauta, clarinete, fagot y oboe.

VIENTO. *QUINTETOS DE VIENTOS* DE ANTON REICHA. QUINTETO ALBERT SCHWEITZER.

METAL. *SONATINA*
DE EUGÈNE BOZZA.
SWEDISH BRASS
QUINTETT

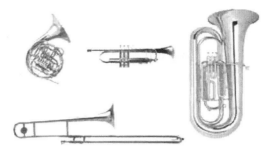

Instrumentos básicos de la familia de viento-metal.:
trompa, trompeta, tromcón y tuba.

El compositor Rodion Shchedrin realizó en 1967 una original versión instrumental de la ópera *Carmen* de Bizet en trece secciones, para una orquesta formada por dos familias: percusión y cuerdas.

Batería de percusión sinfónica.

PERCUSIÓN. *CARMEN
SUITE* DE SHCHEDRIN.
ORQUESTA SINFÓNICA
DEL ESTADO DE
UCRANIA DIRIGIDA POR
THEODORE KUCHAR.

Destaquemos que los sonidos producidos por un violín, una flauta travesera o un trombón no poseen un único timbre. Cada instrumento musical posee una rica y compleja variedad de técnicas que pueden variarlo, cuya descripción ocuparía un capítulo entero. El violín, por ejemplo, suena distinto según dónde y cómo se produzca el golpe de arco que frota o percute el instrumento: puede hacerlo en la madera del cuerpo o con la vara *(col legno)* aunque lo habitual es el contacto entre cerdas y cuerdas, que también producirá efectos sonoros diferentes si se efectúa en o cerca del puente *(sul ponticello)* o sobre el diapasón. Las técnicas más habituales son el detaché (un golpe de arco para cada nota), el legato (se tocan varias notas con un mismo golpe), staccato, spiccato, pizzicato (pulsando las cuerdas con los dedos) y otras.

Para finalizar el capítulo de los instrumentos proponemos una reflexión sobre las llamadas «versiones historicistas» o «con instrumentos originales» de obras de las épocas renacentista, barroca, clásica y prerromántica. Una tendencia surgida en las últimas décadas que ha originado polémica entre quienes defienden la interpretación de las obras con los grupos de instrumentos (o copias) y los coros para los que fueron concebidas y quienes se preguntan si los Bach, Mozart o Beethoven no hubiesen utilizado los actuales de haberlos conocido. Lo cierto es que la versiones «tradicionales» suelen pecar de un estilo del gusto de épocas posteriores, sobre todo del Romanticismo, con mayores efectivos orquestales y corales, tempos más lentos, fraseos más densos y sonoridad menos «áspera» pero también menos fresca que las versiones historicistas.

Invitamos al lector-oyente a participar en esta sana discusión y a tomar partido tras escuchar dos fragmentos de sendas obras de Johann Sebastian Bach, interpretadas en ambos estilos.

La primera es el tercer movimiento *(Allegro)* del *Concierto de Brandemburgo nº 1en fa mayor, BWV 1046.*

TERCER MOVIMIENTO, PIZZICATO OSTINATO, DE LA *CUARTA SINFONÍA* DE CHAIKOVSKI. MICHAEL TILSON THOMAS DIRIGE LA SAN FRANCISCO SIMPHONY.

ALLEGRO DEL CONCIERTO DE BRANDEMBURGO Nº 1 DE J.S. BACH, POR CAFÉ ZIMMERMANN Y PABLO VALETTI (2005). DURACIÓN: 4 M. 02 S.

ALLEGRO DEL CONCIERTO DE BRANDEMBURGO Nº 1 DE J.S. BACH. MÜNCHENER-BACH ORCHESTRA DIRIGIDA POR KARL RICHTER (1961). DURACIÓN: 4 M.22 S.

FINAL DE LA *PASIÓN SEGÚN SAN MATEO* DE J.S. BACH. OTTO KLEMPERER DIRIGE A LA PHILARMONIA ORCHESTRA. DURACIÓN: 8M.2S.

FINAL DE LA *PASIÓN SEGÚN SAN MATEO* DE J.S.BACH. JOHANNES STECHER DIRIGE A LA ACADEMIA JACOBUS STAINER. DURACIÓN: 4M.19S.

El segundo es el coro final *Wir setzen uns mit Tränen nieder* («Nos sentamos con lágrimas») de la *Pasión según san Mateo BWV 244*, en la monumental versión de Otto Klemperer (1962) y la intimista de Johannes Stecher (2022).

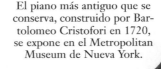

El piano más antiguo que se conserva, construido por Bartolomeo Cristofori en 1720, se expone en el Metropolitan Museum de Nueva York.

EL PIANO

El piano es el rey de los instrumentos musicales. Ningún otro es capaz de servir como instrumento musical, taller de composición, herramienta de enseñanza y vehículo de «acompañamiento» (ya lo matizamos al hablar del *lied*) ideal de la voz cantante; de pasar del *fortissimo* brutal a la delicadeza casi imperceptible del *pianissimo* y de producir hasta más de diez sonidos (pulsando diez notas) diferentes al mismo tiempo. Esta última cualidad (compartida, desde luego, con otros instrumentos de teclado) permite al piano reproducir las armonías más complejas de cualquier obra compuesta para una gran orquesta. Como ya yemos señalado, en la era anterior a la música grabada, las reducciones, transcripciones y arreglos para piano eran el único medio de conocer y disfrutar la música en casa.

Ningún otro instrumento posee la versatilidad del piano. Lo mismo exhibe su protagonismo absoluto en el recital, que acompaña al cantante en el lied, comparte conjuntos de cámara con instrumentos de cuerda o viento, dialoga con la orquesta en los conciertos o se integra en ella como un instrumento más. Además, puede ser tocado por dos intérpretes al mismo tiempo, a cuatro manos.

La historia del piano es tan fascinante como larga. Transcurrieron miles de años desde la invención de su antecedente más antiguo, la cítara (citada en la Biblia) hasta la consolidación del piano moderno en las primeras décadas del siglo XIX, tras pasar por el monocordio, el salterio, el clavicordio, el clavecín y el fortepiano. El mecanismo básico de todos ellos es simple: hacer vibrar unas cuerdas tensadas para producir el sonido. Esto se consigue de dos maneras: pulsándolas o percutiéndolas.

En los antecedentes más primitivos (cítara, salterio, lira, arpa), la pulsación se realizaba directamente con los dedos, desnudos o provistos de una púa o plectro como los que todavía utilizan los instrumentos llamados de pulso y púa: la guitarra (palabra derivada de cítara), la mandolina, la bandurria y el laúd.

Para evitar la pulsación directa de los dedos, a la tabla sobre la que se tensan las cuerdas se le añadió un teclado, de manera que el dedo presiona la tecla encargada de hacer vibrar las cuerdas por los dos procedimientos indicados: pulsándola o percutiéndola. El siguiente paso fue tensar las cuerdas sobre una especie de cajón a modo de caja de resonancia.

El **clave**, **clavecín** o **clavicémbalo** fue el instrumento de teclado por cuerda pulsada utilizado desde finales del siglo XV hasta mediado el XVIII y su época de máximo esplendor fue el Barroco. Básicamente consistió en un salterio evolucionado, accionado por un teclado. Su éxito a partir del siglo XV fue arrollador y para él compusieron infinidad de obras Couperin, Rameau, Byrd, Scarlatti, Bach y Händel. El clave, además, era indispensable para el acompañamiento como bajo continuo.

El **clavicordio** se diferenciaba del clave en que las cuerdas no eran pulsadas por plectro (hecho con puntas de pluma de ave) sino percutidas por una púa metálica llamada tangente. El resultado era que, mientras el sonido de la cuerda pulsada es de intensidad y timbre invariables, la percutida por medio de simples palancas sí puede modificar la dinámica según la fuerza con que se presione la tecla, de modo que el sonido puede ser más suave o más fuerte a voluntad del intérprete. Su desventaja frente al clave era un sonido menos intenso y brillante.

El siguiente paso, decisivo, fue el **pianoforte**. Una serie de modificaciones y mejoras técnicas del complicado mecanismo de percusión (veinte piezas por tecla) dieron como resultado un instrumento capaz de producir sonidos fuertes y suaves (*pianoforte* o *fortepiano)* con intensidad sonora superior al clavicordio. Sin entrar en complejas descripciones, los mecanismos de apagado y escape del martillo forrado de cuero sobre las cuerdas otorgaron al instrumento una capacidad expresiva desconocida hasta entonces. Solo estos instrumentos de teclado permiten tejer la textura polifónica.

La primera descripción del nuevo instrumento data de 1700 y se refirió a un *Archicembalo di Bartolomei Cristofori, di nuova invenciones, che fá il piano e il forte*. Así, aunque la invención del piano se debió a aportaciones acumulativas de muchos técnicos a lo largo de muchos años, sobre este constructor de instrumentos de teclado paduano recae el honor de ser considerado su inventor oficial.

Las últimas mejoras introducidas en el piano, ya en el siglo XIX, fueron la mejora de la tabla armónica (una fina chapa de madera), el soporte de la enorme tensión soportada por las cuerdas mediante un armazón de hierro fundido en lugar de latón y los tres pedales, que vale la pena explicar:

- El pedal derecho, *de resonancia*, libera los apagadores de todas las cuerdas, permitiendo prolongar el sonido producido por todas las teclas presionadas mientras se está pisando.
- El pedal central, *sostenuto* o tonal, permite prolongar los sonidos producidos por las teclas presionadas inmediatamente antes de accionarlo, que se prologarán mientras se mantenga pisado, sin afectar al sonido de las teclas pulsadas después.
- El pedal izquierdo, *una corda*, desplaza los macillos hacia la derecha de manera que no percutan de lleno sobre las tres cuerdas, produciendo un sonido más apagado a partir de la tercera escala (las más graves sólo tienen una cuerda más gruesa, llamada bordón, y entre estas y aquellas dos).

El piano resultante de introducir estas mejoras se convirtió en el instrumento de la expresión por excelencia. Los compositores sólo pudieron escribir en las partituras expresiones de carácter como *dolce, con anima, con brio, con grazia, con dolore, passionato* o *espressivo* cuando los míticos instru-

mentos salidos en el siglo XIX de las factorías de Érard, Pleyel, Bösendor-
fer, Blüthner, Bechstein o Steinway se lo permitieron[36]. Así, pocos años
antes de formularla, se haría realidad la aspiración «protorromántica» de
Carl Philip Emanuel Bach: «conmover el corazón y variar los afectos para
llegar al alma».

Como vimos en el capítulo de las formas musicales, las obras compuestas específicamente para el piano o para conjuntos instrumentales en los
que participa son innumerables. Recordemos las sonatas, los conciertos
para piano y orquesta, la música de cámara con piano, el acompañamiento
de lieder y, desde luego, las formas «breves pero libres» que utilizaron
gigantes como Chopin o Liszt.

Los siguientes ejem-
plos muestran la evo-
lución tímbrica y de la
capacidad expresiva de
estos instrumentos, des-
de el salterio hasta el
moderno piano de cola.

PIANO. *TRÄUMERIE*, DE ROBERT SCHUMANN. MARTHA ARGERICH, PIANO.

CLAVE. ALLEGRETTO DE LA *SONATA EN SOL MENOR* DE ANTONIO SOLER. MARIO RASKIN, CLAVE.

CLAVICORDIO. *DART'S SARABANDE*, DEHERBERT HOWELLS. JULIAN PEKINS, CLAVICORDIO.

FORTEPIANO. ANDANTINO DEL *CONCIERTO EN DO MAYOR* DE SALIERI. ANDREAS STAIER Y CONCERTO KÖLN.

SALTERIO. *ALLEGRO* DE LA *SONATA PARA SALTERIO* DE FULGENZIO PEROTTI. FRANZISKA FLEISCHANDERL, SALTERIO Y DIRECCIÓN DE IL DOLCE CONFORTO.

---

36. 1853 fue una «añada» excelente para el piano: aquel año se comenzaron
a fabricar los Bechstein, Blüthner y Steinway, considerados los mejores.

EL ÓRGANO

Si hemos calificado de rey de los instrumentos al piano, el órgano, por la majestuosa grandiosidad que puede alcanzar su sonido, merecería el título de emperador. Las peculiaridades de este instrumento de viento insuflado son únicas: puede disponer de hasta siete teclados más el pedalero, lo que permite interpretar tres melodías simultáneamente, utilizando manos y pies. La producción del sonido mediante el paso de aire a través de tubos puede mantener el sonido indefinidamente mientras se mantengan pulsados la tecla o el pedal. Y la infinita cantidad de tubos de diversas formas, tamaño, grosores y materiales le proporciona una paleta tímbrica sumamente rica y variada, ya que el órgano es capaz de remedar (reproducir es mucho de decir) los armónicos que, como sabemos, otorgan su sonido característico a un oboe, un clarinete o una trompeta. Para ello, el instrumento posee unos dispositivos llamados registros, que modifican los timbres. El inconveniente reside en que cada tubo solo es capaz de emitir un sonido, por lo cual, teniendo en cuenta que presionar una sola tecla puede producir hasta 65 sonidos distintos cambiando los registros, es decir, a través de 65 tubos distintos, un órgano de seis teclados de seis octavas de doce notas necesita 28.750 tubos, que son los que posee el Wanamaker Grand Court Organ de Filadelfia. La mayor parte se sitúan en el interior de un inmenso recinto interior, donde reciben el aire presurizado que generan las turbinas. Solo unos pocos tubos, dispuestos con estética decorativa, son visibles en las fachadas de los órganos que presiden templos, auditorios o, como el Wanamaker, la galería de unos grandes almacenes.

El origen del órgano es remoto y se conoce su existencia en las antiguas Grecia y Egipto, aunque accionado por agua en lugar de aire. En la Edad Media la Iglesia Católica lo adoptó como único instrumento musical permitido en las celebraciones litúrgicas y en la música profana alcanzó su apogeo durante el Barroco. Además de utilizarse como bajo continuo, compositores alemanes como Dietrich Buxtehude, Georg Böhm, Johann Pachelbel, Georg Friedrich Händel y por encima de todos ellos Johann Sebastian Bach produjeron una importante obra para órgano, solo o concertado con orquesta.

Durante los períodos clásico y romántico el interés de los compositores en general por el órgano decayó para resurgir sobre todo en Francia con Cesar Franck, Charles-Marie Vidor, Louis Vierne y Olivier Messiaen.

Escuchemos dos ejemplos de obras para órgano, una del siglo XVII y otra del XX.

PRELUDIO EN SOL MENOR BUX WV 149 DE BUXTEHUDE. BINE BRYNDORF, ÓRGANO.

TOCCATA EN FA MAYOR DE WIDOR. KALEVI KIVINIEMI, ÓRGANO.

El director de orquesta

Bajo la dirección de su fundador, el maestro Claudio Abbado (1933-2014), la Orquesta del Festival de Lucerna alcanzó las más altas cotas de calidad interpretativa. Tras la muerte de quien obrara el llamado «milagro de Lucerna», la orquesta ofreció un emotivo concierto de homenaje a su amado líder, bajo la dirección de Andris Nelsons. En un momento del segundo y último tiempo de la *Sinfonía Incompleta* de Schubert, Nelsons abandonó el escenario y dejó que la orquesta continuara tocando hasta el final ante un podio tan vacío que ningún maestro lo hubiese llenado con su presencia. Cuando acabó el concierto se hizo un emocionante silencio que dio paso a la liberación de emociones contenidas: los músicos comenzaron a abrazarse, muchos lloraban y la orquesta acabó disolviéndose en un clima de amarga desolación.

CONCIERTO DE LA ORQUESTA DEL FESTIVAL DE LUCERNA EN HOMENAJE A CLAUDIO ABBADO.

RICCARDO MUTI EXPLICA EN QUÉ CONSISTE DIRIGIR UNA ORQUESTA.

Invitamos al lector a visionar las imágenes de aquel memorable momento.

Después de verlo, quizá quepa preguntarse para qué sirve un director de orquesta si los músicos pueden interpretar una gran obra sin él. Pues, para compensar tanta emotividad, proponemos otro vídeo protagonizado por el maestro también italiano Riccardo Muti, siempre tan serio cuando empuña la batuta, donde desentraña en clave de fino humor los secretos de la dirección de orquesta, parodiando una dirección de la misma *Sinfonía Incompleta* de Schubert.

Risas y congojas aparte, la labor del director de orquesta es indiscutiblemente necesaria. No hay una buena orquesta sin un buen director. Entre la partitura que nos legó el compositor (el emisor) y la música que escuchamos (el receptor) se sitúa el trabajo del intérprete (el transmisor). Ninguna obra, desde la sonata de piano tocada por un solo músico hasta la sinfonía que exige una nutrida orquesta, suena siempre igual, no solo en manos de distintos intérpretes, sino de los mismos. La abundancia de grabaciones disponibles nos permite escuchar diversas versiones de la misma sinfonía, compararlas y comprobar las diferencias de interpretación que distintos directores realizan de ella tocando su instrumento, la orquesta.

La elección de los *tempi*, los matices dinámicos, el equilibrio del color tímbrico, la claridad de la textura, la elegancia en el fraseo, etc., consiguen que cada interpretación sea única, incluso en manos del mismo director dirigiendo a la misma orquesta: los tres ciclos de las nueve sinfonías de Beethoven dirigidas por Herbert von Karajan al frente de su Filarmónica de Berlín en 1961-62, 1977 y 1982-84 presentan notables diferencias. Detrás de un concierto sinfónico hay muchas horas de ensayos en cuyas sesiones el director alecciona a los músicos hasta conseguir la interpretación que suena en su cabeza. Y durante el concierto, el director no se limita a llevar en compás como en la divertida caricatura de Muti. Con su gestualidad, tan diferente de unos directores a otros, marca entradas, recuerda matices, amplifica o suaviza dinámicas, acentúa, articula, contrasta... Véalo en un documento excepcional: el director Karl Böhm, de 87 años, dirige un ensayo de la ópera *Elektra* de Richard Strauss el mismo año de su muerte (1981).

ENSAYO DE *ELEKTRA* POR KARL BÖHM.

Durante el Barroco las orquestas eran reducidas y su dirección corría a cargo del concertino (primer violín) desde su atril o del clave, que actuaba como bajo continuo. En el siglo XVII Jean-Baptiste Lully introdujo una especie de bastón de dos metros de altura con el que marcaba el ritmo golpeándolo contra el suelo y que acabaría costándole la vida: una herida producida al golpearse el pie se complicó con infección y gangrena que le acarreó la muerte al rechazar la amputación.

La revolución orquestal que supusieron las obras sinfónicas de Beethoven, unida al extraordinario desarrollo de los instrumentos y el consecuente aumento de tamaño orquestal crearon la figura de un director situado frente a los músicos dispuestos en semicírculo para su control visual y auditivo. Los primeros en utilizar la batuta fueron Luis Spohr, Carl Maria von Weber y el primer director despótico, Gaspare Spontini. Grandes compositores como Berlioz, Liszt, Wagner, Mahler y Strauss fueron también grandes directores. En la actualidad hay maestros que dirigen con o sin batuta (Valery Gergiev ha utilizado un palillo) pero todos lo hacen con la mirada, la gesticulación y el movimiento de su cuerpo. Tampoco hay dos formas de dirigir iguales, y algunas son antagónicas en algunos aspectos. Unos dirigen siempre con la partitura y otros lo hacen de memoria. Para Stokovski el intercambio de miradas entre director y músicos era fundamental, mientras que von Karajan solía dirigir con los ojos cerrados. Los hay mesurados y apasionados, suaves y bruscos, histriónicos o tan hieráticos como se muestra Richard Strauss en el siguiente documento histórico, que bien podría haber inspirado la broma de Muti.

RICHARD STRAUSS DIRIGIENDO *TILL EULENSPIEGEL* EN 1944.

Finalmente, tampoco son iguales las relaciones humanas ni los vínculos afectivos entre un director y su orquesta[37]. En el extremo negativo podríamos situar a un Gustav Mahler, quien dominaba a sus músicos como un domador a las

---

37. Antes de comenzar un concierto, el director siempre saluda afectuosamente solo al concertino y, como mucho, al segundo violín. No es que se lleve mal con los demás. Es el protocolo.

Gustav Mahler dirigiendo. (Caricatura de Hans Schliessmn)

fieras con su férrea disciplina y su infatigable búsqueda de la excelencia. Los profesores de la Ópera de Viena brindaron con champagne cuando su temido, pero también admirado director, dimitió de su cargo. Y en el extremo opuesto estaría un Claudio Abbado, cuya desaparición dejó huérfana a la orquesta cuyas imágenes tras el concierto de despedida son más elocuentes que todas las palabras.

La lista de grandes directores de orquesta no compositores sería exhaustiva. Mencionaremos solo el caso de la Orquesta Filarmónica de Berlín, que desde su fundación en 1882 hasta hoy ha sido dirigida solo por siete maestros, elegidos por votación de los músicos: Hans von Bülow, Arthur Nikisch, Wilhelm Furtwängler , Herbert von Karajan, Claudio Abbado, Simon Rattle y el actual, Kiril Petrenko.

Como representantes de la dirección de orquesta de ayer y de hoy, procedentes de otros países del mundo, citaremos al mencionado austríaco Karl Böhm, el italiano Arturo Toscanini, el británico Colin Davis, el francés Georges Prêtre, el sueco Herbert Blomstedt, el húngaro George Szell, el holandés Bernard Haitink, el suizo Charles Dutoit, el belga Philippe Herreweghe, el checo Václav Neumann, el norteamericano Leonard Bernstein, el hindú Zubin Mehta, el ruso Eugene Mravinski, el australiano Charles Mackerras, el español Ataúlfo Argenta, el venezolano Gustavo Dudamel o el griego Teodor Currentzis.

Música
y espectáculo

Un espectáculo es toda función que se *representa* para entretener al público reunido en un espacio apropiado con ese propósito. Referido a la música clásica, la palabra clave de la definición, representar, excluiría los numerosos conciertos y recitales que se ofrecen actualmente en recintos cerrados o a la intemperie y solo se aplicaría a las obras musicales cantadas o danzadas que se ofrecen sobre un escenario con un libreto o argumento y una escenografía. Es decir, el ballet, la danza y la ópera y sus hermanas menores: la opereta vienesa, la zarzuela española, la ópera-comique francesa o la ballade inglesa, a las cuales habría que añadir la música incidental, de la que hablaremos más tarde. Respetando el criterio que nos impusimos al principio de este trabajo, ceñirnos a la música llamada clásica, obviaremos la música que acompañaba a espectáculos como el vodevil, el cabaret, la pantomima, el music hall y la comedia musical.

Ópera

La ópera (del latín *opera*, obra) no solo es el mayor espectáculo musical que puede ofrecerse sobre un escenario sino, posiblemente, el mayor espectáculo del mundo. Suma y confluencia de todas las artes escénicas: música, danza, literatura (poesía y teatro), pintura, arquitectura, decoración, iluminación, vestuario y maquillaje, la ópera es «la obra de arte total», el *Gesamtkunstwerk* que Richard Wagner pretendió con sus dramas musicales.

Para lograrlo, los actuales teatros consagrados en exclusiva a ofrecer temporadas de ópera, como el Teatro Real de Madrid, dispone de una plantilla que, entre el staff directivo, los departamentos y la secciones de técnicos supera las 250 personas, sin contar la orquesta, el coro y los cantantes.

Una ópera es una obra de teatro cuyos protagonistas cantan en lugar de declamar, acompañados por una orquesta desde el foso que separa el proscenio del patio de butacas. El texto se llama libreto (de *libretto*, librito) y la acción se desarrolla en varios actos que contienen varias escenas. Clásicamente la ópera comienza con una pieza breve instrumental, llamada obertura, preludio o introducción, cuya antigua función era anunciar a los espectadores el inicio del espectáculo.

De todas las formas musicales que estamos contemplando, la ópera es la más antigua que se mantiene viva en la actualidad. Han transcurrido más de cuatro siglos desde el estreno privado en un palacio florentino de la primera ópera, *Dafne* de Jacobo Peri (1598). En 1607 Monteverdi estrenó *La favola d'Orfeo*, la ópera más antigua que se conserva y se representa todavía. A diferencia de los conciertos públicos de música instrumental, que tardarían un siglo en llegar, la ópera estuvo llamada desde el principio a ser un espectáculo popular, y ya en los años treinta del siglo XVII se ofrecieron representaciones previo pago de una entrada. El fenómeno operístico hizo furor y pronto se extendería por Europa, ya dividido en dos ramas, la ópera seria y la ópera bufa (cómica).

Más que una forma, la ópera es un género musical que a lo largo de su historia ha conocido épocas marcadas por diferentes estilos. Simplificando, puede afirmarse que en su primer siglo y medio de vida la ópera rindió culto a la voz, durante el siguiente fueron ganando terreno el drama y la música y con Wagner fue *prima la musica e poi le parole*.

Como no se trata de exponer la historia de la ópera, siquiera resumida, sino de ayudar a «entenderla», repasaremos a continuación las características más importantes de cada período, ilustrado con ejemplos extraídos de títulos representativos de todos ellos.

VORRESTI COL TUO PIANTO. LA LIRA DI ORFEO, DIRIGIDA POR GEORGE PETROU. RAFFAELE PE, CONTRATENOR.

■ Los comienzos

Las primeras óperas (Monteverdi, Alessandro Scarlatti, Jean-Baptiste Lully) consistieron básicamente en largos (y tediosos) recitativos separados por fragmentos instrumentales o por intervenciones vocales en las que los cantantes, mayormente femeninas o varones castrados (*castrati*) pugnaban por exhibir su virtuosismo con abundantes florituras y malabarismos vocales, sin importar el texto ni desde luego el argumento del libreto. Escuchemos como ejemplo un aria de *Griselda*, una ópera de Alessandro Scarlatti en tres actos de tres horas de duración que quizás al oyente actual le resulte más dura de escuchar que un drama wagneriano de superior duración.

Dos características de las *óperas serias* barrocas fueron el *recitativo secco* y el *aria da capo*.

El recitativo era una técnica vocal que, sin ser hablada, tampoco es cantada, y servía para hacer avanzar la acción, detenida por la intervención instrumental o vocal (aria, dúo, trío, cuarteto) de turno. Su acompañamiento a cargo del clave con eventual apoyo del violonchelo en el bajo le valieron el calificativo de «secco».

El *aria da capo* («desde el principio») es una forma musical vocal tripartita que consta de dos secciones (dos estrofas), una A y una B contrastante, seguidas de una repetición de A (A-B-A'). Los compositores no reescribían en la partitura la repetición de la primera sección y tras la segunda se limitaban a anotar *d.C.*, «da Capo», es decir, desde el principio. Una sección podía dividirse en subsecciones separadas por un breve interludio orquestal repetitivo llamado *ritornello* («pequeño retorno»). Esta forma vocal se mantuvo inmutable durante un siglo.

Oigamos un ejemplo de recitativo seguido de un aria da capo, perteneciente a la ópera Giulio Cesare de Händel (Vani solo i lamenti…Svegliatevi nel cuore/L'ombra del genitore).

RECITATIVO Y ARIA DA CAPO DE LA ÓPERA *GIULIO CESARE* DE HÄNDEL. ANNE SOFIE VON OTTER CANTA ACOMPAÑADA POR LES MUSICIENS DU LOUVRE, DIRIGIDOS POR MARC MINKOWSKI.

Hasta mediados del siglo XVIII las cosas cambiaron poco. En el ejemplo anterior puede apreciarse cómo el recitativo *(Vani solo i lamenti…)* es más breve y la textura musical más rica y avanzada respecto a la ópera monteverdiana. Obsérvense el contraste entre la sección A rápida *(Svegliatevi nel core…)* y la B más lírica *(L'ombra del genitore)*, seguida de la repetición algo variada de A'. La constante repetición de las palabras del texto parece «congelar» la acción durante el aria, de ahí la extensa duración de las obras y la necesidad de avanzar a base de recitativos.

■ La reforma

Los abusos vocales de la ópera barroca pedían literalmente a gritos una reforma y el encargado de llevarla a cabo fue Christoph Willibald Gluck. Reconocido como uno de los hitos en la historia del género, Gluck pres-

cindió en sus óperas del aria da capo, de los roles femeninos confiados a los castrati, de los ritornelli y del recitativo secco, ahora acompañado *(recitativo accompagnato)* por la orquesta. Gluck huyó de la exuberancia barroca, buscó la simplicidad en el texto e, influenciado por el teatro griego, otorgó protagonismo al coro, sentido dramático a la obertura y cohesión a la obra entera. Buena muestra del aria gluckiana capaz de transmitir emoción al oyente es el lamento de Ifigenia en el segundo acto de *Ifigenia en Táuride*.

Con frecuencia se utiliza el término **arioso** como sinónimo de recitativo acompañado, aunque se trata de un intermedio entre el recitativo y el aria.

El siguiente hito operístico no se haría esperar: entre el estreno de esta ópera en París (1779) y el del *dramma giocoso* Don Giovanni de Mozart en Praga (1787) solo transcurrieron ocho años. Pero Mozart no fue un reformador del género; asumió los postulados de Gluck y elevó la ópera a la misma cima de perfección y equilibrio que caracterizan toda su producción. No obstante, con *El rapto en el serrallo* y *La flauta mágica* rompió la tradición «italiana» de los compositores alemanes, que comenzaron a utilizar libretos en alemán. Mozart consolidó el *singspiel* (que trataremos más adelante) e introdujo en la ópera el brillante *finale* concertante, en el que participan los principales personajes cantando cara al público su moraleja antes de caer el telón. Un buen ejemplo es el *Vaudeville* con el que finaliza *El rapto en el serrallo*.

■ El canto bello

Tras el paréntesis de la única ópera compuesta por Beethoven, *Fidelio*, (y de la ópera romántica *El cazador furtivo* de Carl Maria von Weber) técnicamente un *singspiel* con partes habladas pero una ópera inmensa de imposible adscripción a otro estilo distinto del genio beethoveniano, llegó la era del que se conoce como *bel canto* («canto bello»), término que es objeto de dos errores frecuentes. El primero es considerar «bel canto» como sinónimo de ópera. El segundo, circunscribir este estilo operístico al primer tercio del siglo XIX, con Rossini, Bellini y Donizetti como principales compositores, pues comenzó a cultivarse en Italia un siglo antes de la llegada de este trío de ases del belcantismo. Lo mismo que en la ópera barroca, el bel canto fue un estilo vocal caracterizado por el culto a las voces de tenores capaces de alcanzar sobreagudos y de sopranos capaces de grandes saltos interválicos, escalas vertiginosas, trinos prolongados y otras ornamentaciones vocales con gran agilidad que provocaban (y siguen provocando) el delirio entre los espectadores, llamado coloratura. El estilo culminó con el citado trío de ases belcantistas, pero la *coloratura* ya era una técnica habitual durante el Barroco y el Clasicismo. En este período alcanzó su nivel máximo la llamada *opera buffa* o cómica, que surgió a principios del XVIII para entretener al pueblo llano con comedias alejadas de los argumentos serios, cargadas de crítica social.

Las llamadas *escenas de locura* fueron un buen pretexto escénico para el lucimiento belcantista de la soprano coloratura, como medio ideal de cantar su desvarío personajes como Elvira de *I Puritani*, Imogene de *Il Pirata* o *Anna Bolena*, de Bellini, o *Lucia de Lammermoor* de Donizetti, que podemos escuchar a continuación interpretada por Lisette Oropesa en una producción del Teatro Real de Madrid.

ARIA DE LA LOCURA DE *LUCIA DE LAMMERMOOR*, DE BELLINI. LISETTE OROPESA, TEATRO REAL DE MADRID.

▪ Los dos gigantes

En 1813 nacieron los dos colosos de la ópera cuya larga sombra eclipsó a todos los demás durante el siglo XIX: Giuseppe Verdi y Richard Wagner. Los dos polos operísticos del universo del Romanticismo imperante en Europa, autores de dos «trilogías románticas» tan diferentes como *Rigoletto-Il Trovatore-La Traviata* y *El holandés errante-Tannhäuser-Lohengrin*, pero con dos trayectorias no tan opuestas. Verdi evolucionó desde el belcantismo de sus primeros títulos y los números cerrados de sus dramas (oberturas, arias, dúos, concertantes, coros, etc.) hasta el fluir musical continuo de su última creación, *Falstaff*, una comedia. Wagner comenzó su carrera operística influenciado por Bellini, continuó por la senda de la ópera romántica y terminó creando un drama musical cuya indiscutible protagonista es la orquesta que, por medio de los *leitmotiven*, nos narra la historia casi sin necesidad de palabras en una fluir musical continuo, la «melodía infinita» wagneriana. Verdi fue un burgués terrateniente preocupado por el bienestar de sus colegas retirados y la salud de sus propiedades. Wagner, un revolucionario depredador preocupado por redimir a la Humanidad con su música. A modo de contraste, escucharemos dos fragmentos de óperas verdiana y wagneriana.

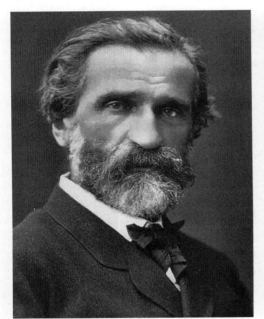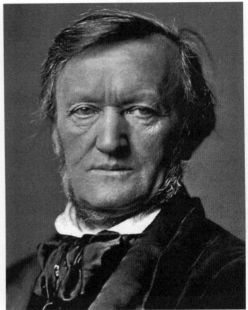

Fotografías de Giuseppe Verdi y Richard Wagner a los 57 años.

En primer lugar, una típica *scena* de la ópera romántica, integrada por tres fases distintas de la intervención vocal: recitativo, aria y *cabaletta*. Esta última, de ritmo más rápido y vocalmente más exigente que el aria, da pie al lucimiento de la *prima donna*. Con objeto de permitir un breve descanso de la voz en el que tomar aliento antes de emprender las habitualmente temibles cabalettas, después del aria solía intercalarse una breve intervención de personajes secundarios o del coro, como en el ejemplo siguiente, tomado del Acto II de Nabucco, de Verdi: el recitativo *Ben io t'invenni…* seguido del aria *Anch'io dischiuso un giorno…* y, dos cortes después, la cabaletta *Salgo già del trono aurato…* Todo un reto para la soprano que se atreva con el rol con fama de «rompevoces» de Abigaille, aquí interpretada por Maria Guleghina.

El siguiente es un ejemplo del sinfonismo que caracteriza a los dramas musicales de Wagner. Se trata del Preludio de Tristán e Isolda, enlazado con una versión orquestal del *Liebestod* (Muerte de amor) con el que finaliza la obra, unión del principio y el final de la ópera muy interpretada en conciertos y grabaciones. Sobran las palabras.

RECITATIVO, ARIA Y CABALETTA DE *NABUCCO*, DE VERDI. MARIA GULEGHINA, MET OPERA DE NUEVA YORK.

▪ «Una tajada de vida»

En el último cuarto del siglo XIX floreció en Italia una corriente literaria llamada **verismo**. Influenciado por el realismo y el naturalismo, que describen la realidad de la vida sin tapujos, por cruda y sórdida que resulte, el verismo literario acabó contagiando a una ópera italiana desnortada tras décadas de hegemonía verdiana. *Cavalleria rusticana* («Caballerosidad rústica») de Pietro Mascagni, y *Pagliacci* («Payasos») de Ruggero Leoncavallo, dos óperas breves que suelen programarse juntas son títulos paradigmáticos de este estilo caracterizado: en el libreto, por una historia truculenta que refleja *uno squarcio di vita* («una tajada de vida»), acaecida en un ambiente rural atrasado, protagonizada por apasionados personajes de carne y hueso que terminan a puñaladas; en el foso, por un mayor protagonismo orquestal, y en el escena-

PRELUDIO Y *LIEBESTOD* (MUERTE DE AMOR) DE ISOLDA. ANDRÉS OROZCO-ESTRADA DIRIGE A LA FRANKFURT RADIO SIMPHONY.

rio, por un canto más libre y espontáneo, con momentos de violencia vocal reflejo de la argumental pero que impacta y emociona al espectador porque es «como la vida misma». Todavía hoy programar óperas veristas como las citadas o *La Gioconda* de Amilcare Ponchielli, *Andrea Chénier* de Umberto Giordano o *Adriana Lecouvreur* de Franceso Cilea (aunque bien pudieran incluirse en la lista la *Carmen* de Bizet, *Tosca e Il Tabarro* de Puccini o *Tiefland* de d'Albert) es garantía de éxito y asistir a un buen *Cav/Pag* (abreviatura del doblete *Cavalleria/Pagliacci*) es una fiesta.

La grabación de la conmovedora aria *Vesti la giubba* de Pagliacci por Enrico Caruso en 1907 fue la primera de la historia en vender un millón de copias. Escuchémosla interpretada por Plácido Domingo, con la Orquesta de la Scala de Milán dirigida por Georges Prêtre.

ARIA *VESTI LA GIUBBA*, DE RUGGERO LEONCAVALLO, POR PLÁCIDO DOMINGO.

■ Ópera grande y ópera cómica

Desde luego, en el siglo XIX no todo fue Verdi y Wagner. Fuera de Italia y Alemania, París fue la capital europea de la ópera, aunque sus principales protagonistas no fueron franceses. Siguiendo la estela de los italianos Lully, Cherubini y Rossini, que alcanzaron las más altas dignidades musicales en las cortes de Luis XIV y la Restauración, el alemán Giacomo (Jacob) Meyerbeer junto con el nativo Jacques Halévy crearon un estilo operístico tan genuinamente francés como la *grand ópera*. Cinco actos, un ballet obligado, suntuosos decorados y espectaculares escenas eran los requisitos que incluso Verdi (con la versión parisina de *Don Carlo*) y Wagner (en el escandaloso fracaso de *Tannhäuser*) debieron cumplir y que *Los Troyanos* de Hector Berlioz no conseguirían conquistar (la obra completa se estrenó en 1969 en Londres). *La mudita de Portici* de Jean-François Auber fue la primera grand ópera y después vendrían *Guillermo Tell* de Rossini, *La judía* de Halévy y *Los Hugonotes* de Meyerbeer y, en versión alemana, *Rienzi* de Wagner.

Paralelamente a esta variedad francesa de ópera seria, se desarrolló otro subgénero, con pasajes hablados y de temática y música más ligera y puesta en escena más modesta, destinada más a las clases populares que a las élites aposentadas en los palcos del ostentoso Palais Garnier: la *opéra-comique*. Fue en el Têatre National de l'Opéra-Comique donde se estrenaron obras tan poco cómicas como *Carmen* de Bizet, *La condenación de Fausto* de Berlioz, *Mignon* de Ambrose Thomas, *Lakmé* de Leo Delibes, *Les contes d'Hoffmann* de Jacques Offenbach (otro alemán en París) o *Werther* de Massenet. Imposible detenerse en todas, pero cabe destacar la más sobresaliente de estas obras y una de las tres más representadas por todo el mundo: *Carmen*, que significó un revulsivo en la aburguesada sede de la ópera-comedia y un auténtico «bombazo» en el panorama operístico de su tiempo, un gran logro de cuyo éxito no pudo disfrutar Bizet, que falleció a los tres meses exactos de su estreno.

De esta ópera proponemos escuchar la celebérrima habanera, tarjeta de presentación del personaje en el primer acto, que está más que «inspirada» en la pieza *El Arreglito* del riojanoalavés Sebastián Iradier[38]. Escúchela y, seguida-

---

38. Otra habanera de Iradier, la célebre *La Paloma*, inspiró más sutilmente a Gustav Mahler el Misterioso de su Tercera Sinfonía.

mente, una interpretación de la *Habanera* Anna Caterina Antonacci, acompañada por la Orquesta de la Royal Opera Covent Garden bajo la dirección de Antonio Pappano.

EL ARREGLITO, DE SEBASTIÁN DE IRADIER. ORQUESTA SINFÓNICA DE EUSKADI Y ORFEÓN DONOSTIARRA, DIRIGIDOS POR J. A. SÁINZ ALFARO.

■ El nacionalismo operístico

Los procesos revolucionarios que encendieron Europa a mediados del siglo XIX acarrearon el despertar del sentimiento nacionalista en países dominados políticamente por los imperios austrohúngaro, ruso y prusiano y musicalmente por el romanticismo alemán. El fervor nacionalista se manifestó a través de obras inspiradas en el folclore popular que incluyeron óperas compuestas por «padres» del nacionalismo musical en sus respectivos países como Bédrich Smetana *(La novia vendida)* en Bohemia, Stanislaw Moniuzsko *(Halka)* en Polonia o Ferenc Erkel *(Bánk Bán)* en Hungría.

HABANERA DE *CARMEN*, DE G. BIZET. ANNA CATERINA ANTONACCI, SOPRANO.

En la ópera rusa destacan Mijail Glinka *(Una vida por el Zar)*, Aleksandr Borodin *(El príncipe Igor)*, Nikolái Rimski-Kórsakov *(El Zar Saltán)* y sobre todos Modest Mussorgski *(Boris Godunov)*, los tres últimos pertenecientes al Grupo de los Cinco junto con Mili Balákirev y César Cui *(El prisionero del Cáucaso)*. Basada en el drama del mayor proveedor de argumentos de óperas rusas, Aleksandr Pushkin, la genial *Boris Godunov* contiene una de las escenas operísticas más espectaculares del repertorio.

ESCENA DE LA CORONACIÓN DE *BORIS GODUNOV*, DE MUSSORGSKI. YEVGUENI NIKITIN, BAJO. ORQUESTA Y COROS DEL TEATRO MARIINSKI DE SAN PETERSBURGO, DIRIGIDOS POR VALERY GERGIEV, DIRECTOR.

ARIA KUDA, KUDA, DE *EUGENIO ONÉGUIN*. NICOLAI GEDDA, TENOR.

Mención aparte merece la producción operística de Piotr Ilich Chaikovski, alejado de los postulados nacionalistas de los Cinco (con quienes no se llevó mal) y más próximo a la tradición musical occidental. Sus mayores logros en el género son *Eugenio Onéguin* y *La dama de picas*. La primera contiene una de las arias más bellas y emotivas para tenor de la ópera rusa, *Kuda, kuda*, cantada por Lensky antes del duelo en el que su amigo Onéguin le dará muerte.

Como hemos comentado, durante el primer tercio del siglo XIX París fue la meca de la ópera. Allí reinaron los compositores italianos como Luigi Cherubini *(Medea)*, Spontini *(La Vestale)* y sobre todo Rossini, quien impuso su hegemonía hasta su prematuro retiro en 1830, tras componer durante diecisiete años cuarenta óperas con las que revitalizó el género, entre serias *(Semíramis, Otello, Tancredi, Moisés en Egipto* o la última, *Guillermo Tell)* y comedias *(La italiana en Argel, La Cenerentola, El Conde Ory* y la más famosa, *El barbero de Sevilla)*. Sin embargo, Hector Berlioz *(Benvenuto Cellini, Los Troyanos)* nunca logró triunfar en su país y transcurrió otra generación hasta los éxitos logrados por compositores franceses como Ambroise Thomas *(Mignon)*, Gustave Charpentier *(Louise)*, Leo Delibes *(Lakmé)*, Charles Gounod *(Fausto, Romeo y Julieta)* y Jules Massenet *(Werther, Manon)*. El caso de Claude Debussy es especial: su ópera simbolista *Pélleas et Mélisande* (reactiva antiwagneriana, pero plena de *leitmotive)* está reconocida por los entendidos como un hito trascendental en la historia del género, equiparable a *Orfeo y Eurídice, Tristán e Isolda* o *Wozzeck*, pero no creó escuela ni influyó en óperas posteriores. En esta ópera Debussy persiguió la máxima inteligibilidad del texto utilizando un estilo de canto próximo a la declamación, sin altibajos interválicos ni coincidencia de voces y con una orquestación delicada, como se puede apreciar en el siguiente ejemplo.

ESCENA DE *PELLÉAS ET MÉLISANDE* DE DEBUSSY. ALISON HAGLEY, SOPRANO, Y NEILL ARCHER, TENOR.

■ El siglo XX

Los enormes vacíos dejados tras la desaparición de Verdi y Wagner en sus respectivas órbitas operísticas fueron ocupados en parte por Giacomo Puccini y Richard Strauss. Los grandes dramas sentimentales de Puccini (*La bohéme, Madama Butterfly* y la verista *Tosca)* fueron éxitos populares que continúan acaparando programaciones de temporadas de ópera en todo el mundo.

Las primeras óperas exitosas de Strauss (*Salome, Elektra)* apuntaban a un nuevo lenguaje postonal pero a partir de *El caballero de la rosa* el compositor abandonó la senda vanguardista para componer la música más conservadora de *Ariadne auf Naxos, La mujer sin sombra, Capriccio* y *Arabella.*

Los dos siguientes fragmentos de óperas de Puccini y Strauss muestran dos formas bien distintas de entender y ejercer la lírica operística.

Con la llegada del siglo XX se acabó la secular división entre las tradiciones operísticas italiana, francesa y alemana y la ópera continuó viva con gran diversidad de estilos y lenguajes musicales. Dos siglos y medio después del *Dido y Eneas* de Purcell, la ópera renacía en Inglaterra con Benjamin Britten (*Peter Grimes, Billy Budd, Muerte en Venecia).* La atonalidad daba sus frutos operísticos con *Wozzeck y Lulu* de Alban Berg y *Moisés y Aarón* de Arnold Schönberg. No sin dificultades para sus autores, también hubo ópera en la Rusia soviética (*Lady Macbeth de Mtsensk* de Shostakovich, *El amor de las tres naranjas* de Prokofiev). En Francia floreció el refinamiento tímbrico impresionista de Ravel (*El niño y los sortilegios),* Dukas (*Ariadna y Barbazul)* y Roussel (*Baco y Ariadna).* En la Alemania postwagneriana, el postromántico Strauss continuó estirando el género hasta el final (*Daphne, La mujer silenciosa)* conviviendo con la vuelta revisada al pasado de Hindemith (*Cardillac, Matías el pintor).* Destaquemos por último las aportaciones al género del checo

CHE GELIDA MANINA Y SI, MI CHIAMANO MIMI, DE *LA BOHÈME* DE PUCCINI, POR LUCIANO PAVAROTTI, TENOR, Y FIAMMA IZZO D'AMICO, SOPRANO.

ESCENA FINAL DE *SALOME,* DE RICHARD STRAUSS. TERESA STRATAS, SOPRANO.

Leoš Janáček (*Jenufa*, *Katia Kabanova*) y del húngaro Bela Bartók (*El castillo de Barbazul*) y, ya en la segunda mitad del siglo, las de Hans Werner Henze (*Elegía para jóvenes amantes*, *Las bacantes*), Gian Carlo Menotti (*El cónsul*, *La médium*), Karol Szymanowski (*El Rey Roger*) y Luigi Dallapicola (*El prisionero*).

PIERROT LUNAIRE DE SCHÖNBERG. CHRISTINE SCHÄFER Y EL ENSEMBLE INTERCONTEMPORAIN DIRIGIDOS POR PIERRE BOULEZ.

El expresionismo de la Segunda Escuela de Viena aportó a la lírica una técnica vocal intermedia entre el canto y el habla: el *sprechstimme* (voz hablada), que puede considerarse una evolución del recitativo o parlando, que en los dramas wagnerianos se denomina *sprechgesang* (canto hablado), utilizado también por Richard Strauss en sus óperas Salome y Elektra. Schönberg pretendió que el *sprechstimme* fuese una forma de hablar diferente de la normal, pero alejada del canto, un equilibrio difícil de alcanzar por los intérpretes. Escuchemos una interpretación del ciclo de canciones *Pierrot Lunaire* que Arnold Schönberg compuso con esta difícil técnica vocal.

Además del contrapunto y de estructuras formales del barroco, otra de las miradas retrospectivas de compositores del siglo XX fue a la llamada ópera de cámara, sobre cuya definición no existe consenso, aunque se acepta que es una ópera de formato breve, escenografía sencilla y pocos personajes acompañados por una orquesta reducida. Muestras de esta resurrección de la ópera breve son *El pobre marinero* de Darius Milhaud, *La violación de Lucrecia* de Benjamin Britten, *La voz humana* de Francis Poulenc o *El teléfono* de Menotti.

■ La ópera barata

Finalizamos este capítulo con una breve mención a lo que podríamos considerar el eslabón escénico entre la ópera y el oratorio: la *ópera en versión concierto*. Consiste en interpretar una ópera sin decorados ni vestuario, con la orquesta ocupando el escenario, el coro si lo hubiere, detrás de ella, y donde los protagonistas, situados en el proscenio, no actúan y se limitan a cantar sus papeles. Es una forma «barata» de ofrecer óperas en vivo, más factible en aquellas con escaso movimiento escénico. Entre la versión concierto y la escenificada hay una tercera vía de interpretación operística, la semiescenificada, en la cual los cantantes se mueven y gesticulan sobre un fondo iluminado por toda escenografía, como en el siguiente ejemplo filmado. Se trata de una versión del segundo acto de *Tristán e Isolda*, cuyo estatismo la hace propicia para este tipo de representación. John Treleaven, Violeta Urmana y René Pape cantan bajo la dirección de Claudio Abbado con la Orquesta del Festival de Lucerna.

VERSIÓN SEMIES-CENIFICADA DEL 2º ACTO DE *TRISTÁN E ISOLDA* DE WAGNER.

Géneros escénicos menores

A mediados del siglo XIX nació en París un subgénero de música escénica derivado directamente de la *opéra-comique*: la **opereta**, caracterizada por alternar pasajes cantados, hablados y bailados, pero sobre todo por su argumento frívolo, cómico y hasta disparatado, aunque con un final invariablemente feliz. Como sucedió con la ópera, fue un judío alemán emigrado, Jakob Eberst (Jacques) Offenbach, compositor de docenas de óperas cómicas, bufas y hasta serias *(Les contes d'Hoffmann)*, que se convirtió en el rey de la opereta parisina.

Offenbach creó su propio *Théâtre des Bouffes* para representar sus obras, entre las que hoy es recordado por títulos como como *La Grande-Duchesse de Gérosltein*, *La Belle Hélène*, *La Vie parisienne* y por encima de todos, *Orfeo en los infiernos*, una parodia del mito de Orfeo y Eurídice. El célebre *galop* (baile de ritmo rápido) infernal del segundo acto se ha popularizado erróneamente como «can-can», número estrella del espectáculo de cabaret en el que bailarinas alineadas frente al público muestran sus enaguas levantándose las faldas.

CAN-CAN DE *ORFEO EN LOS INFIERNOS* DE OFFENBACH. LORIN MAAZEL DIRIGE A LA FILARMÓNICA DE VIENA.

De París la opereta saltó a Viena conservando sus características (diálogos, ligereza argumental, humor, picardía, una aristocracia de cartón piedra y champagne a raudales) pero aportando su baile favorito, el vals. Su máximo exponente, Johann Strauss II, compuso la más famosa de todas las operetas vienesas, *El murciélago*. Le siguieron Franz Lehár *(La viuda alegre)*, Franz von Suppé *(Caballería ligera)* y, ya entrado el siglo XX, el húngaro Imre Kálman *(La princesa gitana)* y Robert Stolz *(Primavera en el Prater)*.

En Inglaterra, el tándem William S. Gilbert (letra) y Arthur Sullivan (música) produjeron operetas durante la era victoriana, la más conocida de las cuales es *El Mikado*.

También en Alemania se desarrolló un espectáculo escénico cantado y hablado de temática más ligera que la ópera, el **singspiel** (de *sing*, cantar, y *spiel*, representación) que alcanzó su apogeo en la segunda mitad del siglo XVIII. El autor de *singspiele* más ilustre fue Mozart *(El rapto en el serrallo, La flauta mágica)*. Teóricamente, *Fidelio* de Beethoven y *Der Freischütz* («El cazador furtivo») de Weber son también son singspiel, aunque ambas obras ya se adentran en el drama romántico que anticipa a Wagner.

En España el subgénero escénico homologable con la opereta es la **zarzuela**, aunque, al igual que el singspiel, es anterior a aquella, pues nació en el Siglo de Oro literario con textos nada menos que de Lope de Vega y Calderón de la Barca. Pero el particular siglo de oro del género escénico popular genuinamente español se extendió entre mediados del siglo XIX y del XX, desde las zarzuelas de Asenjo Barbieri y Arrieta hasta las de Amadeo Vives, Pablo Sorozábal y Federico Moreno Torroba, pasando por otros compositores tan dotados como Federico Chueca, Ruperto Chapí, Tomás Bretón, Gerónimo Jiménez, Jacinto Guerrero o Francisco Alonso, quienes intentaron instaurar un teatro lírico nacional en España como reacción a la hegemonía de la ópera italiana y al consecuente italianismo (en el Teatro Real solo se podían interpretar óperas en italiano, incluso las de Wagner).

Del tronco común de la zarzuela decimonónica surgieron dos ramas: el llamado género chico y el género o zarzuela grande. El primero se caracteriza por su brevedad (un acto), costumbrismo y comicidad, como *La Gran Vía* y *Agua, azucarillos y aguardiente* (Chueca), *La revoltosa* (Chapí) o *La verbena de la Paloma* (Bretón).

El formato de la llamada zarzuela grande se aproxima más a la ópera: acción en dos o tres actos, temática más seria, predominio del canto sobre el diálogo e intervención de coros. Son buenos ejemplos *El Caserío* (Guridi), *El barberillo de Lavapiés, Pan y Toros y Jugar con fuego* (Barbieri), *El rey que rabió* (Chapí), *Luisa Fernanda* (Moreno Torroba) o *Los gavilanes* (Guerrero). Alguna, como *Marina* (Arrieta) se transformaría en ópera.

Música incidental

La música para acompañar a una obra escénica no propiamente musical se denomina incidental, o de escena. Hoy se utiliza el término como sinónimo de la «música de fondo» que ambienta representaciones escénicas, películas (lo veremos a continuación) y series de televisión, programas de radio, anuncios publicitarios o videojuegos. En música clásica, su función era ilustrar musicalmente una obra teatral, creando una atmósfera que potenciara el efecto del mensaje dramático sobre el espectador y por tanto su respuesta emocional. Entre las obras de este género se destacan *Egmont* de Beethoven, para la tragedia de Goethe; *Rosamunda, princesa de Chipre* de Schubert, para la obra de Helmina von Chézy; *El sueño de una noche de verano* de Mendelssohn, para la comedia de Shakespeare; *Peer Gynt* de Edward Grieg para el drama homónimo de Henrik Ibsen y *Pelleas y Melisenda* de Sibelius, para la tantas veces versionada pieza simbolista de Maurice Maeterlinck.

Las composiciones pueden incluir orquesta, solistas, coro y un narrador, y constan de una obertura y varias secciones musicales que se corresponden con escenas de la obra teatral en cuestión. Actualmente no se interpretan con la finalidad para la que fueron creadas, sino como piezas de concierto, especialmente la obertura de *Egmont* y las dos suites de *Peer Gynt*, de las que proponemos escuchar ahora la célebre *La mañana*.

LA MAÑANA, DE PEER GYNT DE GRIEG. NEVILLE MARRINER DIRIGE LA ACADEMY OF ST. MARTIN IN THE FIELDS.

El ballet

Uno de los ballets más conocidos y apreciados del repertorio es *El lago de los cisnes* de Chaikovski. En él, como en la ópera *La dama de picas* del mismo autor, se narra sobre el escenario una historia (fantástica, en este caso) escrita en un texto llamado igualmente libreto, con una división en varios actos y escenas, con unos protagonistas principales y otros secundarios, y con una orquesta acompañando a la acción desde el foso situado entre el escenario y la platea donde se acomodan los espectadores, pero con una gran diferencia: los personajes de la historia no cantan. Ni siquiera hablan. Para comunicarse utilizan la mímica y para expresar sus emociones, la danza. En eso consiste el ballet clásico.

Si a muchas personas legas en música clásica ya puede parecerles absurdo que en la ópera no se hable, sino que se cante, más incomprensible puede resultarles ver que, en el ballet, todos los personajes son mudos. Pero, cuando se es capaz de superar tal prejuicio estético y el reparo de la razón ante una función escénica, la pantomima, tan contraria a la esencia del teatro, que es la palabra, el disfrute que proporcionan la escenificación, la coreografía, el absoluto control corporal de los bailarines, sus pasos ejecutados con elegancia, sutileza, precisión milimétrica y un prodigioso equilibrio, la elegancia de sus evoluciones y la maravillosa música que lo acompaña puede ser de máximo nivel.

Así como los términos del lenguaje musical universalmente utilizados son italianos, los que integran el argot del ballet (*plié*, *battement*, *jeté*, *pas de deux*, *pirouette*, etc.) son franceses. La razón es que el arte escénico denominado danza clásica o académica, aunque, como casi todas las formas musicales, nació en el *Rinascimento* italiano, se implantó y desarrolló en París, donde el rey Luis XIV impulsó la creación en 1661 de la primera institución oficial consagrada a la danza, la Académie Royale de Danse. Desde entonces, el ballet (del italiano *ballo*, baile) desempeñó un papel importante en las artes escénicas francesas. Francés fue el subgénero **ópera-ballet** (*Las indias galantes* de Rameau) y francesa la exigencia de intercalar un ballet en el tercer acto de la también francesa **grand opéra**.

En el siglo XIX el centro de gravedad del ballet clásico se trasladó a Rusia de la mano de un francés, Marius Petipa, quien proporcionó al Ballet Imperial Mariinski de San Petersburgo sus años de máximo esplendor con las producciones de los tres ballets de Chaikovski que son las obras cumbres del género: E*l lago de los cisnes*, *El Cascanueces* y *La bella durmient*e. Y en el siglo XX, los ballets rusos de Sergéi Diaghilev mantuvieron la hegemonía coreográfica rusa con obras de Ravel, Satie, Prokofiev, Minkus, Falla y sobre todo Stravinski *(El pájaro de fuego, Petrushka, La consagración de la primavera)*. El ballet, como la ópera, es un espectáculo escénico y por tanto solo adquiere su pleno poder expresivo exhibiendo ante el espectador el arte de la danza. Sin embargo, el ballet también es música que se puede disfrutar escuchándola. Debido a la larga duración de la mayoría de los grandes ballets clásicos, los propios compositores los extractaron con números destacados para elaborar suites destinadas a las salas de concierto. Entre estas suites de ballet destacan, además de las de los mencionados ballets de Chaikovski, las de *Romeo y Julieta* y *Cinderella* de Prokofiev, *Coppelia y Sylvia* de Delibes, *La Bayadère* de Minkus, *Gayaneh* y *Spartacus* de Khachaturian. La menor extensión de otros ballets célebres, como los de Stravinski, permite su interpretación completa en concierto.

Como la ópera, el ballet clásico está siendo objeto de versionados modernos que pretenden actualizar los viejos argumentos a los nuevos tiempos, desterrando tutús y zapatillas de punta de los escenarios. Para ilustrarlo, recréese el lector visionando dos buenas muestras de versiones bien distintas de dos grandes ballets: la clásica de *El lago de los cisnes* por el mítico coreógrafo y bailarín ruso Rudolf Nureyev y la rompedora de *La bella durmiente* del sueco Mat Ek's.

EL LAGO DE LOS CISNES DE CHAIKOVSKI, POR RUDOLF NUREYEV.

■ Música para la pantalla

En 1896 Giacomo Puccini estrenó su ópera más exitosa, *La Bohème*. El mismo año, la pionera del cine Alice Guy filmó *La Fée aux choux* (El hada de las berzas) la primera película narrativa, de sesenta segundos de duración. Hasta aquel año, la ópera era el mayor y mejor espectáculo al que cientos de espectadores podían asistir en una función. A partir de entonces, el que con el

LA BELLA DURMIENTE DE CHAIKOVSKI, POR MAT EK'S.

tiempo se convertiría en «el séptimo arte» se desarrolló con tal rapidez y fuerza como entretenimiento popular que relegó a la ópera como un espectáculo para minorías selectas y pasado de moda.

La música acompañó al cine desde sus comienzos. Durante sus primeros treinta años, las proyecciones de «cine mudo» o silente se acompañaban de música interpretada en la misma sala por un piano, un «órgano orquestal», capaz de emitir timbres de varios instrumentos, o una orquestina, en parte para amenizar la velada, pero también para contrarrestar el ruido del proyector. Con objeto de facilitar la comprensión del argumento se intercalaban entre las imágenes unos letreros (los interludios) o se acompañaban con comentarios de un explicador. La película *El cantante de jazz* (1927) fue la primera con sonido sincronizado. Había nacido la banda sonora, que no es sólo la música que suena en un filme, sino que incluye los diálogos, los ruidos ambientales o de efectos especiales y la llamada música incidental. A este respecto se manejan conceptos que pueden mover a confusión, y que tratamos de aclarar.

La música en el cine

En una obra narrativa, tanto escrita en un texto o a base de imágenes, por *diégesis* se entiende el «desarrollo narrativo de los hechos». Este concepto divide la música de cine en dos clases: diegética, cuando forma parte de la narración y *los personajes la pueden escuchar*, y no diegética cuando ambienta la acción, pero desde fuera de ella y, por tanto, el espectador puede escucharla, pero los personajes no. Por ejemplo, si una escena transcurre en un teatro de ópera donde Mario Cavaradossi canta su *Adiós a la vida* del tercer acto de *Tosca* y ello emociona hasta las lágrimas al o a la protagonista que lo escucha desde un palco, eso es música diegética. Pero si la misma aria suena mientras el o la protagonista de otra película se dispone a quitarse la vida arrojándose al río desde un puente, es música no diegética o incidental.

El lenguaje fílmico anglosajón distingue entre *score* y *soundtrack*. El score incluye la música incidental, que ya existía antes de la película y que se incluye en su banda sonora, mientras que el *soundtrack* es la música encargada y compuesta ex profeso para la película. El Adagio del *Concierto para clarinete de Mozart* que suena en *Memorias de África* de Sidney Pollack o *La cabalgata de las Valquirias* en *Apocalypse now* de Francis Ford Coppola, por ejemplo, son *score*, y la música que se escucha en *Psycho* («Psicosis») de Hitchcock, compuesta por Bernard Hermann, o en *La lista de Schindler* de Steven Spielberg, compuesta por John Williams, es *soundtrack*.

ESCENA DE LA DUCHA DE *PSICOSIS*, DE HITCHCOCK, CON JANET LEIGH.

▪ El truco del sonido

Aparte del fin elemental de ambientar históricamente una narración, para el compositor Bernard Hermann, *(Ciudadano Kane, Psicosis, Taxi driver)* «la música debe suplantar lo que los actores no alcanzan a decir, puede dar a entender sus sentimientos, y debe aportar lo que las palabras no son capaces de expresar». Pero, además, contribuye a crear atmósferas adecuadas a lo que se está narrando, influye en la respuesta emocional del espectador, proporciona cohesión a la trama y rellena escenas con esa «música de fondo» que se oye, pero no se escucha. Si en el filme *Tiburón* de Spielberg solo viésemos a un nadador dando brazadas alejado de la playa no sentiríamos

desasosiego ni aunque se insinuara una sombra acercándose bajo la superficie del agua. Pero si a la escena se le añade el *ostinato* dú-du, dú-du, dú-du dú-du (un sencillo intervalo de segunda *fa-mi*) a cargo de la cuerda grave reforzada por los trombones, el terror está asegurado.

MOTIVO DEL ATAQUE EN *TIBURÓN*, DE SPIELBERG/WILLIAMS.

Y si una pareja sobrevuela el paisaje de Kenia en una avioneta sin otro ruido de fondo que el del motor del aparato, podría pasar por un documental dedicado a la naturaleza africana. Pero si el vuelo rasante sobre impresionantes cascadas, estampidas de búfalos y vuelos de palmípedas se ameniza con la música de John Barry, se transforma en una romántica escena de amor.

SOBREVOLANDO ÁFRICA, DE POLLACK/BARRY.

Ambos ejemplos demuestran que en muchos momentos de cine es el sonido y no la imagen el que produce angustia, alegría, miedo, desazón, sosiego, gozo, disgusto y, en definitiva, la que *narra*. El sonido, del que forma parte la música, es el truco del cine. Ante una tremenda escena de terror, pruebe a taparse los oídos en lugar de los ojos y verá cómo no es para tanto (recuerde el efecto de la descarga de adrenalina producida por un ruido amenazador: preparar el cuerpo para salir corriendo).

El estudio en profundidad de la música cinematográfica ocuparía una enciclopedia, y puesto que desde el principio nos estamos ocupando de la música clásica, seguidamente daremos un repaso a la aportación de ésta al cine, que como veremos ha sido inmensa.

Podemos distinguir tres clases de películas que incluyen música clásica en sus bandas sonoras: la creada *ad hoc* por compositores clásicos; la música clásica compuesta con anterioridad al filme y utilizada como incidental, y la que se interpreta por actores o músicos formando parte de la narración.

El primer *soundtrack* de la historia fue una obra de cámara que compuso Camille Saint-Saëns expresamente para acompañar al filme *El asesinato del Duque de Guisa*, estrenada en 1908. A partir de la hecatombe europea de la

Gran Guerra, también el centro de gravedad de la industria cinematográfica cruzó el Atlántico para instalarse primero en la costa Este y más tarde y definitivamente a la Oeste, donde Hollywood, California, continúa siendo la Meca del Cine. La toma del poder por el régimen nazi en 1933 provocó el exilio de prestigiosos compositores europeos amenazados por su origen judío, por no simpatizar con el régimen o por crear *entartete musik*, «música degenerada», como, como Béla Bartók, Arnold Schönberg, Berthold Goldschmidt, Paul Kletzki o Ernst Toch; algunos acabarían componiendo música para el cine de Hollywood, como Hans Eisler *(Los verdugos también mueren)*, Erich Wolfgang Korngold *(Robin de los bosques)*, Franz Waxman *(Rebecca, La novia de Frankenstein)* y Friedrich Holländer *(El ángel azul)*.

■ Música clásica en el cine

La música clásica como elemento narrativo está presente en dos tipos de filmes: los biográficos de compositores y aquellos en los que se interpreta música.

Entre las películas sobre la vida y obra de famosos compositores o intérpretes (más o menos respetuosas con la realidad), en las que se escucha su música, destacan las dedicadas a:

- J. S. Bach: *Mi nombre es Bach*
- Beethoven: *Copiando a Beethoven* y *La amada inmortal*
- Berlioz: *La vie de Berlioz* (serie para TV)
- Chaikovski: *La otra cara del amor* (Russell)
- Chopin: *Canción inovidable, Improptu*
- Clara Schumann: *Beloved Clara*
- Daniel Helfgott: *Shine*
- Delius: *Canción del verano*
- Jacqueline du Pré y Daniel Baremboim: *Hilary y Jackie*
- Liszt: *Sueño de amor* y la heterodoxa *Lisztomanía* (delirante, como todas las de Ken Russell)
- Mahler: *Muerte en Venecia* (Russell), *Mahler* (Russell)
- María Callas en *Callas forever*
- Paganini: *The magic bow*
- Stravinski: *Cocó Chanel e Igor Stravinski.*
- Vivaldi: *Vivaldi*
- Wagner: *Richard Wagner* (1913), *Fuego mágico*, *Wagner* (serie para TV)

En algunos filmes se representan obras musicales como parte de la narración:
- La ópera *Tannhäuser* en *Cita con Venus*
- Arias barrocas en *Farinelli*, biopic del célebre castrato Nicola Broschi
- Fragmentos de obras mozartianas en *Amadeus*
- La ópera *Carmen* en *Carmen*, de Antonio Saura, y en *Carmen Jones*
- El ballet *El amor brujo* de Falla en el filme homónimo de Saura.
- *El concierto para violín* de Chaikovski en *El concierto*
- El cuarteto *Bella figlia dell'amore* de *Rigoletto* en *El cuarteto*
- Obras de Chopin en *El pianista*
- La ópera *Cavalleria Rusticana* en El Padrino III

Con respecto a la ópera, en muchos filmes se han utilizado célebres arias de óperas como *Rusalka* en *Paseando a miss Daisy*, *Madama Butterfly* en *Atracción fatal*, *L'elisir d'amore* en *El honor de los Prizzi*, *La Traviata* en *Pretty woman*, *Andrea Chénier* y *Adriana Lecouvreur* en *Philadelphia*, *Rigoletto* en *El maestro de música* o *Sansón y Dalila* y *Casta diva* en *Los puentes de Madison*.

El filme *Elvira Madigan* (Bo Widerberg, 1967) popularizó el Andante del *Concierto para piano nº 21* de Mozart tanto que su música se conoció popularmente con el nombre de la película de cuya banda sonora formó parte.

Pero en la gran mayoría de películas cuya banda sonora incluye piezas clásicas, se utiliza como música incidental. La lista de títulos sería interminable, sirva como muestra los siguientes ejemplos, bien conocidos por los amantes del cine.

Entre las películas que incluyen una sola obra clásica podemos destacar *Elvira Madigan* (*Concierto para piano nº 21 K 467* de Mozart), la mencionada *Memorias de África* (*Concierto para clarinete* de Mozart), *10. La mujer perfecta* (*Bolero* de Ravel), *Anónimo veneciano* (*Concierto para oboe* de Marcello), *Detrás de un vidrio oscuro* (*Suite para violonchelo nº 2* de Bach), *El hombre elefante* y *Platoon* (*Adagio para cuerdas* de Barber).

Otros utilizaron varias obras de distintos autores clásicos, como *2001 Odisea en el espacio*, *África mía*, *Annie Hall*, *Barry Lindon*, *Cómo ser John Malkovich*, *E la nave va*, *El resplandor*, *Muerte en Venecia*, *Todas las mañanas del mundo* y muchas más.

ESCENA DE *ELVIRA MADIGAN*, DE BO WIDERBERG.

ESCENA DE *APOCALYPSE NOW*, DE FORD COPPOLA.

Merece una mención aparte *Die Walküre* (La Valquiria) de Richard Wagner. Su música ha ejercido atracción en muchos directores porque se ha utilizado en casi una docena de películas, las más célebre de las cuales es *Apocalypse now*, de Francis Ford Coppola. La terrible escena en la que nueve helicópteros estadounidenses (el mismo número que las guerreras voladoras de la ópera) perpetran un crimen de guerra masacrando una tranquila aldea del Vietcong y asesinando sin piedad a sus habitantes reproduciendo la *Cabalgata de las Valquirias* en un magnetófono como música incidental de su crimen contra la humanidad es un monumento visual a la infamia que estigmatizó una página wagneriana cuyo significado en el escenario es bien distinto.

EL APRENDIZ DE BRUJO, DE DUKAS. VERSIÓN ANIMADA EN FANTASÍA 2000.

Finalmente, destacaremos las dos películas animadas con música clásica, realizadas en los estudios Disney: *Fantasía* (1940) y *Fantasía 2000*, que rescató de la primera la inolvidable versión del ratón Mickey como *El aprendiz de brujo*, genial interpretación animada del poema sinfónico de Paul Dukas (formalmente, un scherzo con introducción y coda) basado en un poema-balada de Goethe.

Ambas películas son propicias para introducir a los niños (y no tan niños) en el fantástico mundo de la música clásica.

El espectáculo en casa

Algunos melómanos, a los que se podría calificar de puristas, defienden el concierto sinfónico, el recital o la representación operística en vivo y en directo como único medio «natural» de escuchar y ver música clásica. Por tanto, rechazan la «música enlatada» como carente de la presencia física de los intérpretes que sería la única capaz de transmitir una experiencia musical auténtica y, en definitiva, de emocionar al oyente acomodado en el sillón de su casa y no en la butaca del teatro.

Otros melómanos recordamos aquellos tiempos (hablamos de medio siglo ya) en los que nuestra única fuente asequible de audición era escuchar el entonces Segundo Programa de Radio Nacional de España, más tarde Radio 2 y hoy Radio Clásica. Luego, cuando se pudo, empezamos a comprar LPs, aquellos delicados discos analógicos de «larga duración» (de 20 minutos por cara) que chisporroteaban y se rayaban con facilidad. A principios de los 80, ya en plena era digital nació el disco compacto (CD), cuyo sonido los puristas se apresuraron a calificar de frío, como «de plástico» y carente de los ruidos que tanta solera proporcionaban al LP. El siglo XX se despidió con el minidisc y la compresión digital de archivos sonoros (mp3) y el XXI nos trajo la mejora del sonido del Blu-ray y, simultáneamente al retorno nostálgico de los LPs, la última revolucionaria manera de escuchar música: la transmisión continua por internet o streaming a través de plataformas generalistas o dedicadas en exclusiva a la clásica que se ofertan en versión gratuita limitada o de pago, ilimitada.

Paralelamente al vertiginoso avance técnico del audio grabado, respecto al vídeo en unas décadas hemos visto pasar de la cinta magnética al efímero eslabón entre el LD y el CD, el *laserdisc* (LD), de éste al DVD y, finalmente, a las plataformas en emisión continua, gratuitas o de pago.

Hasta la invención del gramófono por Emile Berliner (1888), sólo se concebía la escucha musical en vivo. Los compositores crearon sus obras sin otra intención ni otro modo de hacerlas llegar a los oyentes que interpretándolas ante ellos en salones, teatros o templos. Pero esta evidencia no puede deslegitimar en absoluto la validez de la escucha o la visión de un recital de piano, un concierto sinfónico, una misa o una ópera grabados en cualquier soporte audiovisual, ni minusvalorar el disfrute que pueden proporcionar al melómano más exigente, y menos si dispone de un equipo de reproducción capaz de ofrecer un sonido y una imagen de suficiente calidad para satisfacer sus expectativas.

Hoy, como hace cincuenta años, no todo el mundo vive en ciudades en las que se programan eventos de música clásica, ni todos poseen el nivel adquisitivo suficiente para asistir a ellos, aunque vivieran. En cambio, por un desembolso inferior al precio de una buena entrada de ópera se puede disfrutar del placer de ver y escuchar buena música clásica durante todo el año. Por obvios, sobran los argumentos a favor de la música en vivo que tratan de mostrar las diferencias que en términos de «presencia», acústica, sonoridad, dinámica, timbre, etc. separan a un teatro de herradura decimonónico o al más moderno auditorio de nuestro pequeño cuarto de estar. Pero lo mismo se puede decir de unas salas a otras; el *Parsifal* wagneriano, por ejemplo, no suena ni por tanto se escucha igual en el *Festspielhaus* de Bayreuth, para cuya milagrosa acústica Wagner lo compuso a propósito, que en cualquier otro teatro o auditorio del mundo.

También es cierto que los ingenieros de los estudios de grabación «editan» (léase modifican, cuando no manipulan) el sonido hasta conseguir un producto sonoro equilibrado y perfecto, lo que en muchos casos exige grabar por separado fragmentos de una obra que después se unen sin que el oyente advierta los cortes. Un concierto en vivo, por el contrario, con sus posibles fallos, es una experiencia emocionante, única e irrepetible. Pero la escucha de música grabada también puede resultar una vivencia emocionante y además posee ventajas como la ausencia de cualquier interferencia ajena a la música gracias a la labor de «limpieza» que realizan los técnicos durante la grabación. Una tarea imposible en el recital, el concierto o la ópera donde, por desgracia, los ruidos producidos por los espectadores pueden amargar la más prometedora de las veladas musicales. Y los más frecuentes, desagradables y dificultadores del disfrute de la música en vivo son, sin duda, las toses, que más de una vez han obligado al director de orquesta a interrumpir la interpretación en señal de protesta.

Epílogo

Como anunciaba en el prólogo, el triple propósito de este libro era ayudar al interesado a escuchar, comprender y sentir la música clásica. Sin duda es una aspiración encomiable, pero también una difícil empresa, pues exige al lector la decidida voluntad de saber y un notable esfuerzo para lograrlo.

Si hubiera que evaluar el grado de consecución de estos objetivos, es obvio que, por tratarse de una experiencia subjetiva, el tercero, sentir (nivel intelectual-emocional) sería el más difícil de los tres, pues requiere una receptividad y una sensibilidad individuales. En cuanto al primero, escuchar, se da por descontado que activar los códigos QR incluidos en el libro ha significado una disposición del lector a convertirse en un atento escuchante, que no solo oyente (nivel sensorial) de las maravillas musicales a las que dan acceso.

Por lo que respecta al otro fin perseguido, comprender, es el más sencillo y fiable de valorar y para ello le proponemos una prueba consistente en realizar el análisis de una conocida y relativamente sencilla obra musical (nivel objetivo). Si lo «entiende» casi todo, objetivo cumplido. Pero si no, tampoco pasaría nada. Como se ha insistido a lo largo del libro, y como su título aclara, el más valioso de los beneficios que puede proporcionar su lectura no es otro que disfrutar *escuchando* la abundante y excelente música clásica que contiene.

Análisis musical del *Minueto-Trío del Quinteto de cuerda en mi mayor op. 111 Nº 5 (G 275)*, compuesto por Luigi Boccherini en Madrid en 1771.

Luigi Boccherini, nacido en la ciudad toscana de Lucca en 1743, fue un compositor y violonchelista que en 1768 se trasladó a España, donde desempeñó cargos musicales en la corte de Carlos III, sobre todo al servicio de su hermano menor, el infante Luis Antonio de Borbón. Falleció en Madrid en 1805 tras habernos legado **sinfonías**, **conciertos** para su instrumento, **música sacra** y abundante **música de cámara**: 21 **sonatas** para violonchelo y **bajo continuo**, 48 **tríos**, 90 **cuartetos** de cuerda y 124 **quintetos de cuerda**.

Boccherini amplió el **cuarteto de cuerda** añadiendo un **contrabajo** o duplicando unas veces la **viola** y otras el **violonchelo**, como en el célebre Quinteto op. 30 n° 6, conocido como Música nocturna de las calles de Madrid. Pero la página más célebre surgida de la fecunda inspiración de este compositor es el **minueto** que ocupa el tercer **movimiento** del quinto de los seis quintetos para cuerda que integran su **opus** n° 111:

MINUETO DEL QUINTETO DE CUERDA EN MI MAYOR OP. 111 Nº 6 DE LUIGI BOCCHERINI. ENRICO CASAZZA Y LA MAGNIFICA COMUNITÀ.

Este quinteto consta de cuatro movimientos: *I. Amoroso, II. Allegro e con spirito, III. Menuetto. Trio y IV Rondeau. Andante.*

En la segunda mitad del siglo XVIII el minueto había dejado de ser una de las danzas de la **suite barroca** para convertirse en la **estructura** que formó parte de las nacientes **formas clásicas** establecidas sobre todo por Joseph Haydn, tales como la **sinfonía** o el cuarteto de cuerda. Este *Menuetto. Trio* es tan popular que se le conoce como «el minueto de Boccherini», como si fuese el único que compuso.

Escúchelo dos o tres veces (dura menos de cinco minutos).

Y ahora, dispongámonos a desentrañar la pieza. Para facilitar la tarea, en lugar de una **partitura** completa, es decir, con los pentagramas de los cinco instrumentos de cuerda que forman el quinteto (2 violines, 1 viola y 2 violonchelos), hemos escogido la de una **transcripción** para piano solo a dos manos, marcada con el **tempo Andante grazioso**

MENUETT.

Como todos los minuetos, está en **compás ternario (3/4)** y es de **es-tructura ternaria**, con tres **secciones: A-B-A'**, siendo la sección B el **Trío** y la sección A' una repetición abreviada de la sección A. Su duración es de 108 **compases** (los compases de **anacrusa** no contabilizan).

La **tonalidad** del Quinteto es **mi mayor**, lo que significa que el **primer tema** del primer movimiento y el **estribillo** del **rondó** final están en esa tonalidad, aunque a lo largo de la obra se producen varias **modulaciones** a tonalidades próximas.

Así, el minueto comienza en la tonalidad de **la mayor**, por lo que su **armadura** consta de tres **sostenidos** *(fa, do y sol)*.

La partitura inicia su andadura con un compás en anacrusa formada por cuatro **semicorcheas** precedidas de una **nota de adorno** (un **mordente de dos notas**).

- *La sección A* (minueto) dura 40 compases y consta de dos **subsecciones**, *a* y *b* (binaria), con **recapitulación** de a (a'). Los 4 primeros compases de *a* constituyen la pregunta o **antecedente** y los 4 siguientes la respuesta o **consecuente**. En *a* modula de *la mayor* al **IV grado (subdominante) re mayo**r; sostenido por una **nota pedal** *mi*; *b* está en la menor y *a'* regresa a la mayor para concluir con una **cadencia perfect**a.
- *La sección B* (trío) dura 48 compases y también consta de tres subsecciones, *c*, *d* y *c'*. La subsección *c* comienza en *re mayor* (dos sostenidos en la armadura) y modula a *la mayor*. Las subsecciones *d* y *c'* están en re mayor.
- *La sección A'* (minueto) es «da capo al fine», es decir, repite una sola vez las tres subsecciones *a*, *b* y *a'* seguidas, por lo que dura la mitad de A, o sea 20 compases.

La siguiente tabla resume de modo esquemático la estructura del minueto. La línea inferior indica el minutaje de las nueve subsecciones en la grabación que acompaña al texto para identificarlas musicalmente.

Sección	A (minueto)			B (trío)			A' (minueto)		
Subsecciones	: a :	: b	a' :	: c :	: d	c' :	a	b	a'
Nº compases	4+4	2+2	4+4	4+4	4+4	4+4	4+4	2+2	4+4
Tonalidad	LA/MI	la	LA	RE/LA	RE	RE	LA/MI	la	LA
Minuto	0:00	0:28	0:35	1:10	1:37	1:50	2:30	2:45	2:52

(Los dos puntos a cada lado de una subsección o de dos subsecciones indican que su interpretación se repite. Así, : a : significa **a+a** y : b a' : significa **b+a'+b+a'**)

Por fuerza, al lector sin ninguna formación musical este análisis le resultará un galimatías incomprensible. Pero, si después de haber leído (y quizás, releído) este libro es capaz al menos de entender el significado de las palabras destacadas en negrita de esta muestra de lenguaje musical, habrá alcanzado el objetivo técnicamente más difícil de los tres, comprender. Y aunque así no fuera, siempre prevalecerá lo más importante: haber disfrutado escuchando tan solo una pequeña muestra de las infinitas maravillas musicales que nos ofrece la música llamada académica, culta o, mayormente, clásica.

Fuentes consultadas

◆ **BLANNING, T.** *El triunfo de la música*. Acantilado, 2011.
◆ **CANO, F.** *Fundamentos de la Armonía*. En Los grandes compositores, vol. IV. Salvat, 1983.
◆ **CARDÓ, A.** *El lied romántico*. Alianza Editorial, 2017.
◆ **CASARES RODICIO, E.** *Los períodos musicales* y *El tiempo como parámetro musical*. En Los grandes compositores, vol. IV. Salvat, 1983.
◆ **COLLES, H.C.** *La evolución de la música*. Taurus, 1982.
◆ **COOK, N.** *De Madonna al canto gregoriano*. Una muy breve introducción a la música.
◆ **COPLAND, A.** *Cómo escuchar la música*. Fondo de Cultura Económica, 1994.
◆ **DAVIES, S.** *Cómo entender una obra musical*. Cátedra, 2017.
◆ **HERSCH, J.** *Tiempo y música*. Acantilado, 2013.
◆ **HILL, R.** *El concierto*. Taurus, 1983.
◆ **KÁROLYI, O.** *Introducción a la música*. Alianza Editorial, 1979.
◆ **KÜHN, C.** *Tratado de las formas musicales*. Idea Books, 2003.
◆ **LEVITIN, D.J.** *Tu cerebro y la música*. RBA, 2018.
◆ **LLÁCER, E.** *Fundamentos del ritmo*. En Los grandes compositores, vol. IV. Salvat, 1983.
◆ **MARTÍN MORENO, A.** *Fundamentos de la teoría musical*. En Los grandes compositores, vol. IV. Salvat, 1983.
◆ **MOORE, D.** *Guía de los estilos musicales*. Taurus, 1982.
◆ **PAHLEN, K.** *El maravilloso mundo de la música*. Alianza Editorial, 1985.
◆ **RATTALINO, P.** *Historia del piano*. Editorial Labor, 1988.
◆ **ROBERTSON, A.** *La música de cámara*. Taurus, 1985.
◆ **SACKS, O.** *Musicofilia. Relatos de la música y el cerebro*. Anagrama, 2009.
◆ **SCHONBERG, H.C.** *Los grandes compositores*. Ma Non Troppo, 2007.
◆ **SHANET, H.** *Método de lectura musical*. Taurus, 1981.
◆ **SIMPSON, R.** *La sinfonía, vols. I y II*. Taurus, 1983.
◆ **STEINER, G.** *Necesidad de música*. Grano de sal, 2019.
◆ **STOKOWSKI, L.** *Música para todos nosotros*. Espasa Calpe, 1964.
◆ **TOCH, E.** *La melodía*. Editorial Labor, 1985.
◆ **TRANCHEFORT, F-R.** *Guía de la música sinfónica*. Alianza Diccionarios, 2002.

◆ **TRÍAS, E.** *La imaginación sonora.* Galaxia Gutenberg, 2010.
◆ **VALLS GORINA, M.** *Para entender la música.* Alianza Editorial, 1978.
◆ **WADE, G.** *La Música y sus formas.* Altalena, 1982.
◆ **ZAMACOIS, J.** *Teoría de la Música, vols. I y II.* Editorial Labor, 1983.

Además de estos libros de su biblioteca, el autor ha visitado en la red interesantes y bien documentados artículos, reportajes, tesinas y blogs dedicados a la historia, la teoría y el análisis musicales.

Playlist Spotify

Si quieres escuchar algunas de las obras más significativas que aparecen en este libro puedes acudir a este link que te conducirán a ellas:

Por el mismo autor:

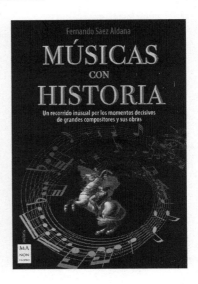

En la misma colección:

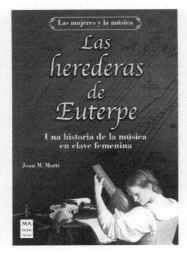

Puedes visitar nuestra página web
www.redbookediciones.com
para ver todos nuestros libros:

Puedes seguirnos en:

 redbook_ediciones

 @Redbook_Ed

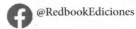 @RedbookEdiciones